Der Koran: Gottes Plan B

Bild: lichtbrenner
www.lichtbrenner.de

Judas Aries (Pseudonym für Hubert Berghaus) wurde am 15. April 1960 im Münsterland, Norddeutschland, geboren. Der gelernte Diplom-Verwaltungswirt war seit Mitte der 90er Jahre über einen Zeitraum von sechzehn Jahren zuletzt als Kriminalhauptkommissar im Bereich Polizeilicher Staatsschutz tätig. Hierbei befasste er sich hauptsächlich mit politisch motivierten Straftaten, Extremismus und Terrorismus. Die polizeiliche Kommissionsarbeit und sein unerschütterlicher Glaube an eine wahre Schöpfungskraft brachten ihn auf die Idee zu einer literarischen Abhandlung über Gott und dessen Missbrauch. Hinter der Entstehung seiner Werke stehen Optimismus, Idealismus, aber vor allem auch das Bedürfnis eines globalen polizeilichen Staatsschutzes für die Freiheitsrechte der Bevölkerung. Judas Aries lebt im Kreis Steinfurt in Nordrhein-Westfalen.

www.judas-aries.de

Der Koran: Gottes *Plan B*

Der kosmische Puppenspieler

Von
Judas Aries

Bibliografische Information der Deutschen Nationalbibliothek:
Die Deutsche Nationalbibliothek verzeichnet diese Publikation
in der Deutschen Nationalbibliografie; detaillierte bibliografische
Daten sind im Internet über http://dnb.dnb.de abrufbar.

© 2020 Judas Aries
Umschlagillustration: Rael Wissdorf
Satz, Herstellung und Verlag:
BoD – Books on Demand

ISBN: 978-3-7504-6283-0

Inhaltsverzeichnis

Vorwort

Mit meinen vorhergehenden sieben Büchern habe ich mich über einen Zeitraum von dreizehn Jahren auf rund eintausend Buchseiten ausführlich der Täterschaft des biblischen Gottes gewidmet.[1] Ich bezeichne sie als das *Unternehmen Gott*, weil nach meinen Untersuchungen damit zu rechnen ist, dass eine humanoide Intelligenz aus der kosmischen Nachbarschaft (*„Unser Vater, der du bist in den Himmeln"*) in bester Religionsführermanier (*„geheiligt werde dein Name"*) der halben Menschheit den Kopf gewaschen hat. Das Motiv der Akteure des *Unternehmens Gott* ist so alt wie die Intelligenzen im Universum. Es dreht sich um die politisch-wirtschaftliche und strategische Machterweiterung mittels Bündnisschaffung (*„Dein Reich komme. Dein Wille geschehe, wie im Himmel so auf Erden."*). Wenn ich also im Folgenden von „Gott" spreche, dann meine ich damit das *Unternehmen Gott*. Wenn ich die – wie auch immer geartete – wahre Schöpfungskraft anspreche, dann schreibe ich GOTT in Großbuchstaben.

Zugegeben, es ist nicht leicht, in dieser aus irdischer Sicht rund sechstausend Jahre währenden Angelegenheit einen roten Faden zu erkennen und den Überblick zu behalten. Man kann den zynischen Potentaten namens Gott nur dann als Betrüger entlarven, wenn man frei von weltanschaulicher Gängelei ist. Das *Unternehmen Gott* hat unsere Erde mit krimineller Energie und terroristischen Mitteln als einen Stützpunkt im All unter seine Fittiche gebracht – und es ist immer noch am Ball! Dabei sind wir Menschen als arbeitendes Volk sehr wichtig. Es ist wie bei einem irdischen Großkonzern. Ohne die Arbeiterschaft gingen der Vorstand und die Manager leer aus. Insofern leisten wir tagtäglich einen Gottesdienst, wenn wir mit unserer Schaffenskraft aus der Erde

---

[1] Siehe Aufstellung im Anhang dieses Buches.

einen lukrativen Stützpunkt für das *Unternehmen Gott* und seine irdischen Vasallen machen.[2]

Die Gotteserfahrungen verschiedener Völker in unterschiedlichen Epochen bringen natürlich verschiedene Namen und mehr oder weniger voneinander abweichende Sachverhalte hervor. Es ist wenig hilfreich, wenn wir uns deshalb in die Haare geraten. Befragen Sie zehn Zeugen zu einem komplexen Unfallhergang, und Sie erhalten zehn verschiedene Versionen des Geschehens. Das ändert aber nichts an dem grundsätzlichen Ereignis. Entscheidend ist doch, dass der Unfall – oder, in unserem Fall, die Einmischung des vorgeblichen Gottes in irdische Angelegenheiten – stattfand und noch stattfindet.[3] Verlieren wir uns also nicht in unnötigen Zankereien. Konzentrieren wir uns auf den großen Sach- und Sinnzusammenhang der Gott- und Göttergeschichten. Wenn wir in den Handlungen Gottes kulturübergreifend eine durchschaubare Politik bei einer gleichbleibenden Ideologie mit wiederkehrenden Strukturen vorfinden, dann müssen wir so realistisch sein, das Unmögliche in Betracht zu ziehen. Gott ist ganz offenbar kein Konstrukt, kein Hirngespinst. Wie GOTT sich mit sehr hoher Wahrscheinlichkeit definieren lässt, habe ich in meinem siebten Buch mit nachvollziehbaren wissenschaftlichen Erkenntnissen dargelegt.[4]

---

[2]   Zum denkbaren gegenwärtigen Bündnispartner Gottes siehe Judas Aries: *Der Sitz der Götter – Generalschlüssel Terrorismus.* Books on Demand, Norderstedt 2015.

[3]   Der dringende Verdacht der immer noch währenden Einflussnahme „Gottes" ist das Thema meiner gesamten Sachbuchreihe. In meinem fünften Buch (Aries 2015, a. a. O.) und in meinem sechsten (Judas Aries: *Fatima – Wozu braucht Gott Fluggeräte?* Books on Demand, Norderstedt 2018) gehe ich auf Vorgänge im 20. Jahrhundert ein.

[4]   In meinem siebten Buch, *Gefährder Einstein: Wie Sie Gott mit GOTT zu Fall bringen* (Books on Demand, Norderstedt 2019), erkläre ich den berechtigten Glauben an den, die oder das wahre GOTT, und ich zeige auf, wie Sie den Gott unseres großen Monotheismus als Trittbrettfahrer der wahren Schöpfung entlarven.

Wir sollten uns fragen, wer der Nutznießer des gigantischen Werkes der Heiligen Schriften ist. Der von der Gemeinschaft der Gläubigen gewünschte GOTT ist es nicht! Die wahre Schöpfungskraft zeigt keinen Neid und Egoismus. Besonders im Koran wirkt Gott wie ein verzweifelt schimpfender und zeternder Despot, dem man zum x-ten Male nicht zugehört hat. Doch mit dem Koran spielte Gott sehr erfolgreich seinen letzten Trumpf aus. Noch mit Jesu Hilfe hatte es das *Unternehmen Gott* im Laufe von rund einhundert Jahren gerade mal zu einer gesellschaftlichen Macht gebracht, mit der die Römer rechnen mussten. Zwar hatte es nach etwa dreihundert Jahren nicht mehr nur wirtschaftlichen Einfluss – das Römische Reich selbst wurde bekehrt und nahm das Christentum an. Trotzdem wurde dem *Unternehmen Gott* nicht ausreichend der Weg geebnet. Mit Mohammed und dem Koran schaffte man es, dieselbe Religion in den nur hundert Jahren nach Mohammeds Tod von Arabien aus bis nach Nordafrika und Indien zu verbreiten!

„Moment mal", schallt es mir an der Stelle oft entgegen, „du redest vom Islam und von Allah. Das hat doch nichts mit dem Gott der Bibel zu tun!"

Prompt werde ich an einen Reim aus meiner Grundschulzeit erinnert:

„Allah ist groß, Allah ist mächtig. Allah hat 'ne Unterhose von drei Meter sechzig!"

Es war die Zeit der ersten Begegnungen mit Gastarbeiterkindern aus der Türkei. Der kleine Vers war für uns unbedarfte Kinder ein harmloser Scherz. Schließlich war Allah im damaligen Gedankengut nicht der *Liebe Gott*. Das Schlimme an der Sache ist, dass noch heutzutage selbst Intellektuelle, die in den Göttergeschichten quer durch alle Epochen und Kulturen äußerst belesen sind, die Identität von Jahwe, Gott und Allah – also dem jüdischen, dem christlichen und dem islamischen Gott – nicht erkennen, ja sogar ausdrücklich negieren. Von der breiten Masse der Bevölkerung ganz zu schweigen. Meines Erachtens sehen viele Leute hier den Wald vor lauter Bäumen nicht. Werfen wir doch nur den Blick auf vier „Mammutbäume" dieses sprichwörtlichen Waldes: Im Koran wird der biblische Noah fünfundvierzigmal in achtundzwanzig Suren erwähnt, Abraham dreiundsiebzigmal in fünfundzwanzig Suren, Moses gar einhundertsiebenmal in vierundzwanzig Suren. Jesus bringt es auf siebenundzwanzig Erwähnungen in elf Suren. Von der Schaffung des Menschen über die Querelen im Paradies und die Sintflut bis zu Jesus enthält der Koran eine kurze Zusammenfassung der jüdischen und christlichen religiösen Geschichte, die über den altbekannten Einsatz eines „Propheten" als Sprachrohr nachhaltig in Erinnerung gerufen werden sollte. Gott weist im Koran explizit mehrfach darauf hin, dass die Tora (die fünf Bücher Mose) sowie alle nachfolgenden Schriften des Alten und des Neuen Testamentes von ihm stammen. Eine Dreiteilung der Religionen habe er nie im Sinn gehabt:

„Wahrlich ungläubig sind, die da sprechen:‚Siehe, Allah ist ein dritter von drei.' Aber es gibt keinen Gott denn einen einigen Gott …" (Sure 5:77)

Mit dem Bezug auf den sogenannten Stammvater wird deutlich, wo der göttliche Schuh drückt:

„Abraham war weder Jude noch Christ; vielmehr war er lauteren Glaubens, ein Moslem, und keiner derer, die Gott Gefährten geben." (Sure 3:60)

Gott kritisiert eindeutig die aus seiner Sicht fehlgelaufenen Konstrukte des jüdischen Jahwe und des christlichen Gottes. Tatsächlich hatte er ja nie verfügt, dass sein Wirken bis Jesus das Judentum begründen sollte oder mit Jesus das Christentum. Wenn er jemals sein Versprechen der öffentlichen Wiederkehr wahrmachen will, dann braucht er die einheitliche Akzeptanz seiner Autorität. Ansonsten wären chaotische religions- und gesellschaftspolitische Spannungen vorprogrammiert. Mit dem Koran will er es richten. Hier geht es um mehr als um die Rüge der christlichen Trinität. Auch die ist ihm ein Dorn im Auge. Dann nennt er das Kind – Sohn und Geist – aber beim Namen:

„O Volk der Schrift, überschreitet nicht euern Glauben und sprechet von Allah nur die Wahrheit. Der Messias Jesus, der Sohn der Maria, ist der Gesandte Allahs und sein Wort, das er in Maria legte, und Geist von ihm. So glaubet an Allah und an seinen Gesandten und sprechet nicht: ,Drei.' Stehet ab davon, gut ist's euch." (Sure 4:169)

Das sind unmissverständliche Worte. Aber stammen sie wirklich von Gott? Vielleicht ist der Islam nur das Resultat der in der Spätantike zunehmend um die Gunst Gottes wetteifernden Großreiche Römisches Reich und Persisches Reich? Aber auch die Araber als sogenannte Ismaeliten wussten um ihre abrahamitische Abstammung. Ließen sie den Koran in Anlehnung an Tora und Bibel entstehen? Hatte eventuell allein Mohammed eigennützig ein Plagiat geschaffen? Oder ist der Koran in Tateinheit mit Tanach und Bibel eine (Un-)heilige Dreifaltigkeit der Unterdrückung?

Einleitung

Um die Frage nach dem Urheber und dem tieferen Sinn des Korans zu beantworten, müssen wir uns auf zwei Dinge konzentrieren, nämlich auf den Koran an sich und auf die gesellschafts- und religionspolitische Welt des Römischen und des Persischen Reiches. Letzteres ist sehr wichtig, denn man kann das Auftauchen des Islams nicht mit dem Islam selbst erklären. Gegenwärtige Historiker stellen fassungslos das Fehlen fast jeglicher Daten ausgerechnet zur größten Geschichte aller Zeiten fest! Ein als wild und rückständig geltendes Volk raubte einerseits einem tausendjährigen Reich seine reichsten Provinzen, und zum anderen schlug es das gewaltige Persische Reich quasi aus dem Nichts – es führte mal eben so einen weltgeschichtlichen Wandel herbei, dessen Ausschläge noch heute tagtäglich zu spüren sind! Und trotzdem hatte das siegreiche arabische Volk, das sonst keine Gelegenheit zur Verbreitung eigener ruhmreicher Geschichten ausließ, nichts darüber aufgezeichnet. Es gibt kein Zeugnis, das bis in die Gegenwart erhalten geblieben wäre. Wie kommt es, dass so viele Gestalten aus der Bibel im Koran vorkommen, wenn man das *Unternehmen Gott* als Informanten ausklammern möchte?

Genau das ist der wunde Punkt in dieser Angelegenheit. Historiker untersuchen und durchsuchen die Spätantike bis ins letzte Detail. Sie möchten die Frage beantworten, warum sich ausgerechnet Mohammeds Glaubenslehre verbreitete, ohne in Betracht zu ziehen, dass es sich nicht um ein von diesem Propheten verfasstes Werk handelt, sondern um die Indoktrination des vorgeblichen Schöpfers, des falschen selbsternannten Gottes. Sämtliche Erklärungen für das Wunder der weltgeschichtlichen Revolution sind verzweifelte Versuche, Argumente für das Unmögliche nicht zuzulassen. Natürlich gab es um Mohammed herum viele andere Personen, die eine Prophetenrolle für sich reklamierten. Es gab viele Götter und sogenannte heidnische Kultbilder. Aber nur allzu oft wird unterschlagen oder nicht erkannt, dass der Polytheismus auf der Arabischen Halbinsel und darüber hinaus seine Wurzeln im Gott Abrahams hat, also dem *Unternehmen Gott*. Beim Studium der Fachliteratur erkenne ich mehr und mehr, dass die Wissenschaft keine rationale Erklärung für die ungeheure Wirkmacht der übernatürlichen Aura des Korans und seiner Geschichte hat. Das bedeutet selbstverständlich nicht, dass die äußerst fachkompetenten Arbeiten der Historiker irrelevant wären, ganz im Gegenteil. Der Blick auf die gesellschafts- und religionspolitischen Querelen an den Fronten des Römischen und des Persischen Reiches vor und während Mohammeds Wirken ist wichtig für die Erkenntnis, dass wir heute an einem Punkt angelangt sind, an dem die Geschichte sich mit dem Glauben zusammentun muss. Die römischen Kaiser und die persischen Monarchen in den Jahrzehnten vor Mohammed hatten sich notgedrungen mit der Erkenntnis angefreundet, dass sie nur Sterbliche in einem von Gott regierten Universum waren und dass sie die Autorität dieses universellen Regenten nicht untergraben konnten und durften. Wie konnte das sein, wenn Gott doch nur ein Konstrukt sein soll?

Mohammed[5]

Bei der Suche nach dem Urheber des Korans sind die Biographien Mohammeds wenig hilfreich, weil man erst zwei Jahrhunderte nach dem Tod des Propheten damit begann. Das Gleiche gilt für die Hadithe, also die angeblichen Aussprüche und Handlungen Mohammeds, die zu einem Gesetzeskorpus namens Sunna wurden. Bereits im 9. Jahrhundert sollen vom *„erfolgreichsten und berühmtesten Hadith-Jäger al-Bukhari […] 600.000 angebliche Worte des Propheten gesammelt und alle bis auf 7225 für unecht erklärt"* worden sein.[6] Werfen wir trotzdem einen schnellen Blick auf die allgemein akzeptierten Rahmendaten zu Mohammeds Leben.

Zur Blütezeit der Maya-Hochkultur um das Jahr 600 dürfte man im *Unternehmen Gott* am Runden Tisch über ein Jesus-Update sinniert haben. Die Wahl fiel auf Mohammed, nach weitgehender Annahme am 20. April 570 oder 571 in Mekka geboren. Sein Vater, Abdallah, soll kurz vor oder nach der Geburt Mohammeds gestorben sein. Angeblich wurde Mohammed nach der Sitte vornehmerer Stadtleute von einer Beduinenamme erzogen. Das war wegen seines dürftigen Erbteils eher untypisch. Die Erziehungszeit bei der Amme währte nicht lange. Mohammed litt vermutlich an epileptischen Anfällen, die nach weitverbreitetem Aberglauben auf Besessenheit von bösen Geistern zurückgeführt wurden. Man gab ihn seiner Mutter, Amina, zurück, die in seinem sechsten Lebensjahr starb. Für zwei Folgejahre kümmerte sich ein Großvater Mohammeds verantwortungsbewusst um den

---

[5] Die Informationen zur Vita Mohammeds basieren auf der Einleitung von Max Henning in seinem Werk: *Der Koran*, Philipp Reclam jun., Leipzig 1901, sowie auf *Biographien der Weltgeschichte: Mohammed – Der Gesandte Gottes*, in: Welt am Sonntag, 9.10.2005.

[6] Tom Holland: *Mohammed – Der Koran und die Entstehung des Arabischen Weltreichs*; Klett-Cotta, Stuttgart 2012, S. 46.

Jungen. Mit dessen Tod übernahm der Onkel Abu Talib die Vormundschaft. Dieser lebte in ärmlichen Verhältnissen, und Mohammed trug als Schaf- und Ziegenhirte zum Unterhalt der kinderreichen Familie bei. Mit fünfundzwanzig Lebensjahren trat Mohammed in die Dienste der reichen und vornehmen Witwe und Geschäftsfrau Chadidscha. Er entwickelte sich vom Kameltreiber zum Karawanenführer größerer Geschäftsreisen. Er soll Handelsexpeditionen in über tausend Kilometer entfernte Städte organisiert und geführt haben, und zwar mit ansehnlichem Profit für die circa fünfzehn Jahre ältere Chadidscha. Seine Chefin war sehr angetan von ihrem Untergebenen und machte ihm einen Heiratsantrag. Es wurde eine glückliche Ehe, aus der sechs Kinder hervorgingen, zwei Jungen und vier Mädchen. Die beiden Jungen starben allerdings früh. Eines der Mädchen, Fatime, verheiratete Mohammed mit dem Sohn Ali seines Onkels Abu Talib. Ali wurde später einer der tapfersten Vorkämpfer des Islams und vierter Kalif. Mohammed würdigte die Religion seiner Ahnen und besuchte häufig die Kaaba. Er legte viel Wert auf Gerechtigkeit, aber auch auf die Wertschätzung anderer. Er setzte sich für soziale Belange ein, galt als tüchtig und als ein Mann mit großen Führungsqualitäten, weshalb er den Beinamen „der Getreue" erhielt.

Warum erteilte das *Unternehmen Gott* Mohammed im Jahr 610 den Ritterschlag zum Gesandten Gottes? Schauen wir über den Großvater hinaus zum Urgroßvater, Hāschim ibn ʿAbd Manāf, und weiter zum Ururgroßvater, ʿAbd Manāf ibn Kusai, dann erkennen wir einen alten arabischen Clan mit Bezug zur Kaaba. Überhaupt dreht sich vieles um die Kaaba, jenes Gotteshaus, das seinen Ursprung bei Adam haben soll. Der Überlieferung zufolge baute dieser die Kaaba nach den Querelen im Paradies einem himmlischen Urbild folgend, nämlich dem *Bait al-Mamur*, dem „von Engeln besuchten Haus". Offenbar boten seine Baukunst und die Materialien keinen ausreichenden Schutz vor der Sintflut, denn Abraham wurde später die Verantwortung zuteil, die Kaaba erneut aufzurichten. In der Zwischenzeit will Gott den mysteriösen Stein verwahrt haben, der angeblich schon ein Bestandteil der ersten

Kaaba war und es auch gegenwärtig noch ist. Damit dieses Element seinen angestammten Platz einnehmen konnte, habe Gott ihn über den Engel Gabriel an Abraham aushändigen lassen. Abrahams Sohn Ismael kam hierbei die Rolle des Handlangers zu. Die Überlieferung besagt, dass Abraham ihm den Auftrag gegeben habe, einen Stein zu suchen, an dem die Menschen sich ausrichten können. Die Qual der Wahl wurde Ismael schließlich von Gabriel genommen. Er soll ihm den sogenannten Schwarzen Stein gegeben haben mit der Bemerkung, dass der Stein von Gott komme. Dem kleinen Projekt könnte man sogar einen „Grundbuch"-Eintrag zuschreiben:

„Und als Abraham und Ismael die Fundamente des Hauses legten, (sprachen sie:) ‚O unser Herr, nimm es an von uns; siehe, du bist der Hörende, der Wissende.'" (Sure 2:121)

Mit dem „Haus" ist nach islamischem Verständnis die Kaaba gemeint. Der Ururgroßvater Mohammeds, ʿAbd Manâf ibn Kusai, hatte das Amt der Bewirtung der Mekka-Pilger inne und verwahrte den Schlüssel der Kaaba. Er gilt als der Gründer des Stammes der Koraisch. Er entriss den früheren Hütern der Kaaba das Heiligtum, und die Koraisch siedelten fortan im heißen, unfruchtbaren Tal von Mekka. Ihre Einkünfte generierten sie mit dem Privileg der Versorgung der Pilger mit Brot und Wasser. Kusai vererbte das Amt an seinen Sohn Hâschim. Auch wenn das Haus Hâschim zu Mohammeds Zeit durch allzu große Freigebigkeit in Armut geraten war, blieb der Stamm der Koreischiten der Hüter der Kaaba.

Nun aber gab es ein Problem: Die Bildnisse sämtlicher Gottheiten der arabischen Stämme waren in der Anzahl der Tage im Jahr neben den Bildnissen Abrahams, Ismaels und der Jungfrau Maria in und um der Kaaba aufgestellt. Auch Gott fand hier also seinen Platz, aber eben nicht ungeteilt. Mohammed dürfte das Alte und das Neue Testament nicht explizit gekannt haben. Allerdings fand das Christentum, wenn auch in verfremdeter Form, durch abessinische Sklaven nach Mekka, und ebenso gab es nicht wenige Juden, die nach der Vernichtung ihrer politischen Selbständigkeit in Palästina nach Arabien geflohen waren und sich bis auf ihren Glauben arabisiert hatten. Mohammed war zunehmend *„von der Idee des einigen Weltschöpfers und des Prophetentums sowie von der Lehre der Auferstehung und des Weltgerichts entflammt und erschüttert. Die Götter seiner Landsleute verblichen ihm zu wesenlosen Götzen, ihre Verehrung erschien ihm ein Greuel, und je mehr sich seine Gotteserkenntnis vertiefte, desto verabscheuungswürdiger erschien ihm das Heidentum seines Volkes und desto heißer erfaßte ihn die Sehnsucht, den reinen Glauben der Erzväter Abraham und Ismael wiederherzustellen.“*[7]

Auch das *Unternehmen Gott* hatte ein persönliches Problem mit der Vielgötterei. Das erfahren wir zigfach in der Bibel und mindestens ebenso oft im Koran. Wenn die Kaaba gesäubert werden sollte, dann war Mohammed der richtige Mann: Er war voller Zweifel, und er konnte den wichtigen verwandtschaftlichen Bezug zu den Hütern der Kaaba vorweisen. Im Monat Ramadan des Jahres 610 zog er sich wie schon häufiger in die Einsamkeit der Berge bei Mekka zurück. Dort erschien ihm eine Person in Menschengestalt, die sich als Gottgesandter namens Gabriel vorstellte und ihm zurief: „Lies!“ Auf Mohammeds Antwort, er könne nicht lesen, wiederholte der Engel seine Aufforderung. Er umarmte Mohammed immer fester, bis der fürchtete, erdrückt zu werden. Schließlich wiederholte er die Worte, die Gabriel ihm zu sagen befahl. Somit sprach er die erste Offenbarung:

„Lies! [Trage vor!] Im Namen deines Herrn, der erschuf, erschuf den Menschen aus geronnenem Blut. Lies, denn dein Herr ist allgütig, der die Feder gelehrt, gelehrt den Menschen, was er nicht gewusst.“ (Sure 96: 1–5)

Mohammed stand unter Schock. Laut den Überlieferungen kehrte er tief erschüttert zu seiner Frau zurück. Sie beruhigte ihn mit Verweis auf Gottes Wohlwollen. Sie überzeugte ihn, dass er keine Sinnestäuschung

---

[7] Henning 2001, a. a. O.

hatte. Gleichwohl war er irritiert, weil weitere Offenbarungen ausblieben. Man ließ ihn zwei qualvolle Jahre im Ungewissen, bis Gabriel wieder auftauchte. Mohammed floh angsterfüllt zu Chadidscha. Offenbar genügte die heftige Gemütsbewegung als Auslöser für einen seiner epileptischen Anfälle, und Chadidscha bedeckte ihn wie dann üblich mit seinem Mantel. Am Boden liegend vernahm er die Worte:

„O du Bedeckter, steh auf und warne! Und deinen Herrn – verherrliche ihn; und deine Kleidung – reinige sie; und den Greuel, – fliehe ihn! Und sei nicht freigebig, um mehr zu empfahn, und harr' auf deinen Herrn in Geduld!" (Sure 74: 1–7)

Erst diese Offenbarung galt Mohammed als die göttliche Weihe zum Prophetenamt. Für Chadidscha und ihn stand zweifelsfrei fest, dass er der von Gott erkorene Gesandte sein sollte, den Glauben Abrahams wiederherzustellen. Das war natürlich leichter gesagt als getan. Wir alle kennen das: Wer den Leuten gedankenreiche, profunde Ideen über ihre Zeit nahebringen möchte, der muss von weit außerhalb kommen. Aus welchen Neidgründen auch immer gilt man *„nirgend weniger denn im Vaterland und daheim bei den Seinen"* (Matthäus 6:4). Mohammed erging es da nicht viel anders als Jesus, der in dem Vers über seine eigene Erfahrung spricht. Das alte Verhaltensmuster nahm seinen Lauf: Anfangs tat man Mohammed als einen Verhaltensgestörten, einen Irregeführten ab. Man wollte zum Beweis Wunder sehen und ersuchte gar um die angedrohten Strafen Gottes. Manche hielten ihn für einen Betrüger, andere für einen wahnwitzigen Poeten. Nur Chadidscha, seine Töchter, sein junger Cousin Ali und wenige andere glaubten an seine Sendung. *„Unter den angesehenen Männern Mekkas gewann er vorerst nur zwei Anhänger, den rechtlichen reichen Kaufmann Abu Bakr, den späteren ersten Kalifen, der auch in der Periode der Zweifel und seelischen Kämpfe Mohammeds Freund und Tröster gewesen war, sowie den jungen Uthman, den späteren dritten Kalifen, der jedoch weniger aus Überzeugung als um die Hand von Mohammeds schöner Tochter Nukeija zu gewinnen, zu ihm übertrat. Die übrigen Gläubigen bestanden* *hauptsächlich aus Sklaven, unter ihnen der Abessinier Bilal, später der erste Muezzin der Gemeinde, und Frauen, die Chadîdscha gewonnen hatte."*[8] Die Geschäftswelt kümmerte sich zunächst nicht um die neue religiöse Initiative, bis dann doch Bewegung in die Sache kam. Die wachsende Zahl der Anhänger Mohammeds bedingte selbstredend die zunehmende Abkehr von den alten Göttern. Das brachte den Koreischiten finanzielle Einbußen, weil sie in erster Linie von den Pilgern zur Kaaba lebten. Hass und Feindschaft nahmen zu, und man bedrängte den Onkel Mohammeds, Abu Talib, seinem Neffen den Schutz zu entziehen. Der blieb standhaft, und so richtete sich der Zorn gegen die Sklaven und Frauen. Abu Bakr kaufte deshalb den oben genannten Bilal los, und Mohammed riet allen anderen, ihn zu verleugnen und nach Abessinien zu fliehen. So entkamen rund einhundert Anhänger Mohammeds, unter ihnen Uthmān.

Mohammed wurde derweil treu von seiner Familie beschützt, und die verstimmten Koraisch handelten einen Deal mit ihm aus. Man werde ihn als Gesandten Gottes anerkennen, wenn er im Gegenzug die drei Hauptgötter Allat, Manat und al-Uzza akzeptiere. Gesagt, getan, doch schon am nächsten Tag revidierte Mohammed seine Zusage. Nicht nur das, er hielt fortan öffentliche Gottesdienste vor der Kaaba ab. Die wenigen Gläubigen waren ebenso schwer antastbar wie er. Unter ihnen waren sein Onkel Hamsa, der spätere zweite Kalif Omar sowie der spätere erste Kalif Abu Bakr. Die Gegenseite reagierte mit einem zweijährigen Bann für das Haus Haschim. Für Mohammed verschlechterte sich die Lage ebenso wie für die Haschiiten. Seine Frau Chadidscha und sein Onkel Abu Talib verstarben, sodass er in einer mit Mekka rivalisierenden Stadt Schutz suchte. Dort wurde er jedoch mit Gewalt verjagt. In dieser aussichtslosen Situation in einer Nacht des Jahres 620 wurde Mohammed von Gabriel geweckt. Ein geflügeltes, pferdeähnliches Wesen trug ihn durch den Nachthimmel nach Jerusalem. Das „Pferd" trug ihn höher und höher, bis er jenseits von Raum und Zeit war. Dort

---

[8] Ebd.

begrüßten ihn Abraham, Moses, Jesus und andere Propheten. Für Mohammed war klar, dass er in eine neue Phase seines Dienstes für Gott trat. Er konnte nicht länger in Mekka bleiben, so verstand er es.

Im Jahr 622 war für die Koreischiten das Maß voll. Man beschloss, Mohammed zu ermorden. Er wurde gewarnt und floh. Das Jahr dieser Flucht ist für die Muslime bis heute das Jahr eins. Meines Erachtens ist die Flucht, die sogenannte Hidschra, aber nicht der Beginn einer neuen Zeitrechnung. Die Hidschra könnte allerdings eine dramatische neue Bedeutung erhalten. An dieser Stelle nur so viel: Gabriel warnte den Propheten und trieb ihn zur Flucht, die wohl eher eine sorgfältig geplante Wanderung war. Das Ziel war die Oase Yathrib nördlich von Mekka. Dort lebten verfeindete Juden und Araber, die sich eine unparteiische Autorität als Friedensstifter wünschten. Am liebsten mit einem unmittelbaren Verhältnis zu Gott. Ein Prophet suchte einen Zufluchtsort, und Yathrib brauchte einen Propheten: eine vom „Himmel" gestiftete Beziehung? In jedem Fall hieß Yathrib fortan Medina, und Mohammed verbrachte dort sein gesamtes weiteres Leben. Gott sprach weiter zu ihm, und innerhalb der verbleibenden zehn Lebensjahre stieg der Flüchtling zum Herrscher über Arabien auf. Vielleicht mit „himmlischer" Unterstützung? Ibn Hisham, ein irakischer Gelehrter aus dem frühen 9. Jahrhundert, berichtet von einem Kampf zwischen einer Militäreinheit der Koreischiten und einer hoffnungslos unterlegenen Gruppe um Mohammed. Der Prophet erhielt Unterstützung von *„fliegenden Engeln"*, an deren Ende *„weiße Turbane hinter ihnen herflogen"*[9]. Sie flogen schimmernd am Himmel über dem Schlachtfeld und streckten die Koreischiten nieder. Im Jahr 630 hatte Mohammed Mekka erobert und die Götzenbilder in der und um die Kaaba

---

[9] Ibn Hisham: *The Life of Muhammad: A Translation of Ishaq's Sirat Rasul Allah*, engl. Übers. v. Alfred Guillaume. Oxford 1955; dt. Ausgabe (gekürzt): *Das Leben des Propheten. As Sira An-Nabawija*. Übers. v. Gernot Rotter. Spohr, Kandern 1991, S. 303.

verbrannt. Zwei Jahre später starb Mohammed, und in Arabien war das Heidentum weitgehend verdrängt.

Der Koran

Die Botschaften Gottes ergingen über einen Zeitraum von zweiundzwanzig Jahren an Mohammed – bis zu seinem Tod im Jahr 632. Bis
dahin existierte keine komplette schriftliche Sammlung der Belehrun-
gen Gottes. Laut Sure 85:22 soll es eine Urschrift des Korans geben,
von Gott aufgeschrieben und *„auf verwahrter Tafel"* hinterlegt. Für die
Muslime galt und gilt in erster Linie die Vorschrift des Rezitierens: *„Lies!*
[Trage vor!] *Im Namen deines Herrn* [...]" (Sure 96:1–5). Somit ist der Koran eigentlich kein Stoß Papier zwischen zwei Buchdeckeln, auf denen
Qur'an oder Al-Qur'an (ناآرقلا) steht. Die Vokabel meint die (arabische)
Rede, also das gesprochene und nicht das gelesene Wort. Beim Tod
des Propheten Mohammed kannten einzelne seiner Begleiter Teile
oder gar den gesamten Koran auswendig. Auch heutzutage sind die
sogenannten Hafis unter den Imamen in der Lage, den umfangreichen Koran fehlerfrei auswendig zu rezitieren. Gleichwohl waren nach
Mohammeds Tod wenige Teile des Textes bereits schriftlich festgehal-
ten, und der erste Kalif, Abu Bakr – Nachfolger des Propheten in der
Führung der islamischen Gemeinde –, veranlasste vorsichtshalber die
erste schriftliche Kopie des Korans. Mit der schnellen Verbreitung des
Islams entfernten sich die Zentren von den Ursprungsorten Mekka und
Medina. Das hatte andere Lesarten und abweichende Überlieferungen
zur Folge. Deshalb verlangte der dritte Kalif, Uthman Ibn Affan, die
Herausgabe eines einheitlichen Korans. Die Abschriften dieser Veröffentlichung gingen in alle wichtigen Städte des Reiches. Sämtliche bis
dahin vorhandenen Editionen wurden vernichtet. Dem Offenbarungs-
inhalt tat das keinen Abbruch, denn etwaige Abweichungen waren
nie dramatisch. Der Sinn des Textes wurde nie verändert. Auch wenn
der vierte Kalif, Ali, eine eigene Koransammlung angelegt haben soll,
fand er sich doch mit der Uthman'schen Fassung ab, denn auch die
Schiiten als Anhänger Alis in dem auf Uthmans Tod folgenden Bürger-
krieg verwendeten und verwenden diese Ausgabe. Trotzdem bestand
noch das Problem geringfügig abweichender Lesarten, da die Schrift

keine Vokalzeichen enthielt. Heutige Ausgaben begegnen dem Problem mit Hilfszeichen zur Vokalisierung. Insgesamt geht man in der Wissenschaft davon aus, *„dass der Koran in der heute vorliegenden Form weitgehend das authentische Wort des Propheten – nach islamischem Glauben das ewige Wort Gottes – darstellt"*[10].

Das gilt nach dem Verständnis der islamischen Theologie aber nur für die Sprache, deren Gott sich letztlich bediente; also ausschließlich für die arabische Fassung. Übersetzungen könnten verfälschende Interpretationen enthalten und seien deshalb inakzeptabel. So ganz mochte ich das nicht glauben. Vor einigen Jahren fragte ich den Islamwissenschaftler des für meine Dienststelle damals zuständigen Landeskriminalamtes NRW nach einer vertrauenswürdigen Übersetzung. Er empfahl den Autor Max Henning (siehe Fußnote 5). Der Stil der im Jahr 1901 erschienenen Übersetzung mag veraltet sein, vermeintliche Schreibfehler in den Suren sind dem geschuldet. Entscheidend aber ist, dass das Werk als eine anerkannt exakte Übersetzung heute noch in der Wissenschaft benutzt wird.

Der Koran ist in Reimprosa (Sadsch'), also in einer poetischen Sprache verfasst. Die Schrift ist in einhundertvierzehn Suren unterteilt, die aus Versen bestehen. Die Suren sind grob der Länge nach angeordnet, nicht jedoch in der Reihenfolge der Offenbarung. Die zweite Sure ist mit zweihundertsechsundachtzig Versen die längste. Die kürzeste ist Sure einhundertacht mit nur drei Versen. Die letzte Sure hat sechs Verse. Die Suren sind inhaltlich unabhängig voneinander. Die Reihenfolge legte Kalif Uthman fest. Für die Muslime ist die Anordnung trotzdem von Belang, die Suren werden daher der Reihe nach rezitiert. Jede Sure hat einen Namen, der sich häufig auf den Inhalt bezieht. Für die Interpretation des Korans wird zwischen den Suren auch chronologisch unterschieden, sie werden also in mekkanische (frühere) und

---

[10] Tilman Nagel: *Der Koran. Einführung – Texte – Erläuterungen.* C. H. Beck, München 1991, S. 33.

medinensische (spätere) aufgeteilt. Die ältesten, in Mekka empfange-
nen Suren weisen gleichmäßig gereimten, ausdrucksvollen und breit
angelegten erzählenden Stil auf. Im weiteren Zeitverlauf werden die
Suren in Inhalt und Ton nüchterner, jedoch ohne den Endreim aufzu-
geben. Die späteren sind die umfangreicheren und enthalten viele
Anweisungen und gesetzliche Bestimmungen. Die Ausdrucksweise
ist schönrednerisch, wortgewaltig und voller rhetorischer Fragen,
auf die also nicht eigentlich eine Antwort erwartet wird. Sie dienen
vielmehr als Feststellung oder Überleitung. Durch Kalif Uthmans Zusammenstellung der Suren nach ihrer Länge war die Chronologie von
den Rhapsodien der ersten Jahre bis zu den gesetzgeberischen medi-
nensischen Suren nicht mehr erkennbar. Für das Gesamtverständnis
der Handlungen Gottes und Mohammeds ist die wahre Chronologie
aber sicherlich unerlässlich. Erfreulicherweise stellte Theodor Nöldeke
eine immer noch maßgebende Ordnung her.[11] Demnach sollte gelten:

1. Periode. 1.–5. Jahr von Mohammeds Auftreten als Prophet: Sure 96,
74, 111, 106, 108, 104, 107, 102, 105, 92, 90, 94, 93, 97, 86, 91, 80, 68, 87,
95, 103, 85, 73, 101, 99, 82, 81, 53, 84, 100, 79, 77, 78, 88, 89, 75, 83, 69,
51, 52, 56, 70, 55, 112, 109, 113, 114, 1.

2. Periode. 5. und 6. Jahr: 54, 37, 71, 76, 44, 50, 20, 26, 15, 19, 38, 36, 43,
72, 67, 23, 21, 25, 17, 27, 18.

3. Periode. Vom 7. Jahr bis zur Flucht: 32, 41, 45, 11, 14, 12, 40, 28, 39,
29, 31, 42, 10, 34, 35, 7, 46, 6, 13.

4. Medinensische Suren: 2, 98, 64, 62, 8, 47, 3, 61, 59, 33, 63, 24, 58, 22,
48, 66, 60, 110, 49, 9, 5, 4.

---

[11] Theodor Nöldeke: *Die Geschichte des Qorâns*, Verlag der Dichterischen
Buchhandlung, Göttingen 1860, S. 59–174.

Spurensuche im Koran

Könnte die Entstehung des Islams einfach nur eine Folge der jüdischen und christlichen Religionspolitik der damaligen Weltreiche sein? Der Geschichts- und Literaturwissenschaftler Tom Holland hat ein sachliches und spannendes Werk zur Beantwortung der Frage vorgelegt (siehe Fußnote 6). Er suchte Antworten in den üppigen Datenbeständen des Römischen und des Persischen Reiches. Etliche Briefsammlungen, Reden und Gesetzessammlungen nördlich der weiten Wüste Arabiens hat er berücksichtigt. Und trotzdem fällt es den Historikern schwer, die Ursprünge des Islams plausibel zu erklären. Selbst Holland kapituliert vor dem Koran an sich. Die Zusammenstellung der Offenbarungen im Koran wird in den Texten seiner Zeit kein einziges Mal erwähnt. Allerdings gibt es einen kostbaren Bestand von Koranhandschriften, gefunden erst vor rund vierzig Jahren in der Decke der ältesten Moschee von Sana'a, im heutigen Jemen. Im Jahr 628 konvertierte das Land zum Islam, und der Prophet Mohammed persönlich soll die Anweisungen zum Bau der ersten Moschee in Sana'a gegeben haben. Nur zwei Forscher, beides Deutsche, durften die Schriften untersuchen. Die jemenitische Regierung stoppte die Veröffentlichung der Koranfragmente im Streit. Wichtig ist aber, dass es keine Hinweise auf bewusste Fälschung gibt. Holland resümiert:

„Selbst die frühesten Fragmente von Sana'a belegen [...], dass hier ein Gebilde von erschreckender Heiligkeit zu Papier gebracht wurde, das jegliche menschliche Erfindungskraft bei Weitem überstieg [...]. Wenn [...] diese frühesten Fragmente auf den Beginn des achten Jahrhunderts zu datieren sind, dann heißt das, dass ihre Ursprünge um einiges älter sind [...]. Die These, dass der Koran [...] in einer seinem heutigen Zustand vergleichbaren Fassung erst gegen Ende des achten Jahrhunderts vorlag, ist damit offensichtlich abschließend widerlegt [...]. Das Fundament des Korans scheint aus robustem Granit gehauen zu sein."[12]

---

[12] Holland 2012, a. a.O., S. 311 f.

Sämtliche Herrscher in der Spätantike hatten früher oder später erkannt, dass die Verbündung mit den Offenbarungen eines akzeptierten Propheten eine profitable Allianz mit Gott bedeutete. Die Araber waren sich ihrer Abstammung Abrahams über dessen Sohn Ismael offensichtlich bewusst. Vielleicht ließen sie den Koran in Anlehnung an Tora und Bibel entstehen? Meine Antwort lautet: Nein, denn dann bestünde der Koran eher aus einer Anhäufung von Gesetzen, also einer Fülle von Vorgaben, die den Kalifen Nutzen gebracht hätten. Der gesamte Koran lässt aber keinen irdischen Nutznießer erkennen! Der Koran zeigt kein Interesse am Individuellen. Alles dreht sich geradezu verbissen um die Vereinnahmung der Menschheit und der Erde wie um die Ausmerzung der Kreuzung und Vermischung rivalisierender Religionen. Dabei kommt Gott dem Menschen so aufdringlich nahe, wie er sich auch für den entferntesten Winkel des Universums verantwortlich zeigt. Außer Gott und Mohammed spricht niemand. Die wenigen Augenmerke auf Mohammeds Lebenswelt treten vor der Zeitlosigkeit in den Hintergrund. Wäre Mohammed ein Plagiator, dann hätte er sich zum einen keine zweiundzwanzig Jahre Zeit für den Koran gelassen, und zum anderen hätte er auch keine über das Alte Testament hinausgehenden Informationen liefern können. Das ist im Koran aber der Fall – vor allem, was die Vorgänge im Paradies und um Abraham sowie die Schöpfung des Menschen betrifft.

Außerbiblisches Wissen zum Paradies

Der Koran behandelt den sogenannten Sündenfall in fünf Suren. Stellvertretend stelle ich Sure 18:48 vor:

„Und da wir zu den Engeln sprachen: ‚Werfet euch nieder vor Adam', da warfen sie sich nieder außer Iblis [Asasel], welcher [...] wider seines Herrn Befehl frevelte. Und wollet ihr denn ihn und seine Nachkommenschaft eher denn mich zu Beschützern nehmen? Ein schlimmer Tausch für die Sünder!"

Die Sure enthält Informationen aus der apokryphen Schrift 1. Buch Henoch.[13] *„Der älteste Bericht der jüdischen Kabbala, der Soher, erwähnt das Henochbuch als ein Werk, das von ‚Generation zu Generation bewahrt und voller Ehrfurcht überliefert' worden sei. Dennoch wurde es später aus dem Kanon der Juden entfernt. Ab dem dritten Jahrhundert unterlag es auch der Verbannung durch die christliche Kirche [...]. Wahrscheinlich hätte das Buch Henoch das gleiche Schicksal wie jene bei Christen einst sehr beliebten und viel gelesenen literarischen Werke erlitten, die durch theologischen Machtanspruch in Misskredit gerieten, hätte nicht ausgerechnet die abessinische Kirche diese alten Texte in ihrem alttestamentlichen Kanon aufgenommen. Dort finden wir Henochs Bericht unmittelbar vor dem Buch Hiob platziert. Im Jahr 1773 brachte der berühmte schottische Gelehrte und Afrikaforscher James Bruce drei Abschriften des Henochbuches aus Abessinien (Anmerkung: heutige Demokratische Bundesrepublik Äthiopien, Ostafrika) nach Europa mit. Sie sind in England deponiert. Die deutsche Übersetzung erschien in zwei Raten: A. G. Hoffmann stützte sich bei seiner Arbeit, die 1833 herauskam, auf die englische Übersetzung von Lawrence, doch umfassten diese ersten Bemühungen nur die Kapitel 1 bis 57. Fünf Jahre danach, 1838, wurden dann die restlichen Kapitel der Henoch-Saga, von Kapitel 58 bis 108, veröffentlicht. Als Grundlage diente diesmal die Frankfurter äthiopische Handschrift Rüppel."*[14]

Das äthiopische Henochbuch (1. Henoch) ist die einzige vollständige Überlieferung. Die äthiopische Übersetzung beruht auf griechischen und aramäischen Henochschriften. Große Teile des in der aramäischen Originalsprache verfassten Henochbuches wurden 1948 in den Höhlen von Qumran gefunden.[15] Die Schrift aus vorchristlicher Zeit besagt unter anderem, dass der Gott der Bibel die Erde erstmals mit einer

---

[13] http://homepage.ruhr-uni-bochum.de/Michael.Luetge/Himmelsr.html#_Toc256247437 (zuletzt abgerufen: 28.10.2019).

[14] Peter Krassa: *Gott kam von den Sternen*. Kopp, Rottenburg 2002, S. 222.

[15] https://de.wikipedia.org/wiki/%C3%84thiopisches_Henochbuch#Entdeckung_der_originalsprachlichen_Fassung_in_Qumran (zuletzt abgerufen: 28.10.2019).

Mannschaft von zweihundert Söldnern betrat. Hünenhafte Kerle, die insgeheim beschlossen, hier in Frührente zu gehen. Henoch nennt sogar die Namen der Außerirdischen. Die Söldner zeugten entgegen Gottes Befehl Kinder mit irdischen Frauen und gaben allerlei Geheimnisse preis, mit denen man Gott zu schnell als einen gewöhnlichen Sterblichen hätte entlarven können. Dieser Gefahr begegnete das *Unternehmen Gott* mit gigantischen Tsunamis, die wir als Sintflut kennen. Zuvor versuchte man offenbar vergeblich, die Abtrünnigen zurückzuführen. Dabei verfluchte Gott die Anführer namentlich. Einer hieß Asasel. Der Tatvorwurf gegen ihn lautete: *„Offenbarung der himmlischen Geheimnisse der Urzeit."*[16] Die mit den Erkenntnissen infizierten Menschen sollten laut Gott *„durch das ganze Geheimnis umkommen, das die Wächter verbreitet und ihren Söhnen gelehrt haben. Die ganze Erde wurde durch die Werke der Lehre Asasels verderbt, und ihm schreibe alle Sünden zu."*[17]

Wenn Gott seinen Söldnern befahl, sich vor Adam niederzuwerfen, dann bedeutet das, die Menschen unberührt zu lassen, also sich nicht mit ihnen einzulassen. Asasel und seine Gefährten hatten sich aber den Menschen gezeigt und sogar Kinder gezeugt. Nur zu gerne nahmen die Menschen die göttlichen Lehrmeister als Beschützer an. Der Koranverfasser wusste somit um die Informationen im 1. Buch Henoch. Wie viele Menschen von Asasel und Co. „verdorben" wurden, ließ sich natürlich nicht sofort beurteilen. Sure 34 spricht ebendiese Beurteilung der Lage an.

„[…] und sie folgten Iblis (Asasel) *mit Ausnahme eines Teiles der Gläubigen. Doch hatte er nur Macht über sie, weil wir wissen wollten, wer ans Jenseits glaubte und wer darüber in Zweifel wäre. Und dein Herr hütet alle Dinge."* (Sure 34:19 f.)

---

[16] 1. Henoch, Kap. 9,5.
[17] 1. Henoch, Kap. 10.

Der Verfasser des Korans hatte demnach den Einblick in den großen Sach- und Sinnzusammenhang. Sollte der angebliche Analphabet Mohammed die apokryphe Schrift 1. Buch Henoch gefunden und ausgewertet haben? Wohl kaum.

Und ganz nebenbei ist damit meines Erachtens das Paradies lokalisiert. Lesen wir den Bibeltext nahe am Original,[18] dann wird dort nie der Garten Eden thematisiert, sondern ausdrücklich der Garten *von* Eden. Das sind zwei Paar Schuhe. Die in der Bibel beschriebene Geographie des „Gartens" ist im Grunde der heutige Nahe Osten. Der Nahe Osten ist ein Teil von unserem Planeten, also der „Garten von Eden". Die gesamte Erde war für die Abtrünnigen ein Paradies, das die Fahnenflucht lohnte. Auch für das *Unternehmen Gott* war und ist die Erde ein lohnendes Paradies, sonst wäre es heute nicht mehr am Ball.

Bild 1 (Bild: Hubert Berghaus. Garten Eden.)

---

[18] *Die Schrift*. Verdeutscht von Martin Buber gemeinsam mit Franz Rosenzweig; 12., verbesserte Auflage der neubearbeiteten Ausgabe von 1954; Lambert Schneider im Bleicher Verlag GmbH, Gerlingen 1976, 1997.

Außerbiblisches Wissen zu Abraham

Im Koran stehen Informationen aus der Abraham-Apokalypse, die in der Bibel nicht enthalten sind. Laut Abraham-Apokalypse kritisierte Abraham seinen Vater Terach für dessen Schnitzerei von Götterfiguren. Sie seien reines Menschenwerk und daher vom Menschen abhängig. Wie sollten solche Figuren im Ernstfall helfen oder Segen spenden?[19] Nach dem Streit hierüber wurde er auf dem elterlichen Anwesen erstmalig vom *Unternehmen Gott* kontaktiert, und man gewährte ihm einen Shuttleflug zu einer Raumstation. Der Erfahrungsbericht lässt die Annahme bloßer Visionen für die Reise in den Erdorbit nicht mehr zu.

Der Koran berichtet in drei Suren und insgesamt elf Versen von der Ausgangslage auf dem elterlichen Anwesen. Stellvertretend führe ich die Sure 6:74 f. an:

„Und (gedenke,) als Abraham sprach zu seinem Vater: ‚Nimmst du Bilder zu Götzen an? Siehe, ich sehe dich und dein Volk in offenkundigem Irrtum.' Und ebenso zeigten wir Abraham das Königreich der Himmel und der Erde, damit er zu den Festen im Glauben gehöre."

Und wieder gilt: Wie sollte der angebliche Analphabet Mohammed die apokryphe Schrift der Abraham-Apokalypse finden und auswerten können?

---

[19]   Paul Rießler: *Altjüdisches Schrifttum außerhalb der Bibel*. Dr. Benno Filser Verlag, Augsburg 1928, S. 18 f.

Trennung von Adam und Schöpfung

Mohammed als Plagiator hätte sich auch keine weitergehenden Details zur Schöpfung des Menschen ausgedacht und ausgerechnet Adam dabei außen vor gelassen. Adam wird in neun Suren insgesamt fünfundzwanzigmal erwähnt. Aber immer dann, wenn vom göttlichen Eingriff der Schaffung des Menschen gesprochen wird, fehlt sein doch eigentlich so wichtiger Name. Ist „Adam" also nur ein Begriff für die Menschheit, und sind die Schöpfungsinformationen Hinweise auf das *Unternehmen Gott* als Manipulator, der für den rätselhaften „Missing Link" in der menschlichen Evolution verantwortlich ist? Lesen wir Sure 4:1:

„O ihr Menschen, fürchtet euern Herrn, der euch erschaffen aus einem Wesen und aus ihm erschuf seine Gattin und aus ihnen viele Männer und Weiber entstehen ließ."

Aus welchem Wesen? Was existierte dann zuvor? Ein Wesen kann eine Individualität sein, eine Spezies, ein Subjekt. Warum heißt es nicht Adam? An anderer Stelle heißt es:

„Und wahrlich, wir erschufen den Menschen aus reinstem Thon. Alsdann setzten wir ihn als Samentropfen in eine sichere Stätte. Alsdann schufen wir den Tropfen zu geronnenem Blut und schufen den Blutklumpen zu Fleisch, und schufen das Fleisch zu Gebein und bekleideten das Gebein mit Fleisch; alsdann brachten wir ihn hervor als eine andre Schöpfung." (Sure 23:12 ff.)

Was auch immer der reinste „Thon" ist, alles danach hört sich eher nach Laborarbeit an, nach einer genetischen Veränderung eines zuvor dagewesenen *anderen* Wesens. In jedem Fall wieder kein Adam. Auch in Sure 32 nicht:

„Der alle Dinge gut erschaffen, und der des Menschen Schöpfung aus Thon hervorgebracht. Alsdann bildete er seine Nachkommen aus Samen aus verächtlichem Wasser." (Sure 32:6 f.)

In Sure 36 heißt es plötzlich erneut „wir" anstatt „Er" oder „Allah" oder „Der alle Dinge erschaffen hat":

„Will denn der Mensch nicht einsehen, dass wir ihn aus einem Samentropfen erschufen?" (Sure 36:77)

Sure 75 wechselt wieder zu „Er", aber die guten Zutaten bleiben, allerdings weiterhin namenlos.

„War er denn nicht ein Tropfen fließenden Samens? Alsdann war er ein Blutklumpen, und so schuf Er ihn und bildete ihn." (Sure 75:37 ff.)

Sure 76 ließe sich sogar so interpretieren, dass erst nach mehreren Prüfungen die korrekte Mischung aus den Zutaten des Lebens von Erfolg gekrönt war.

„Siehe wir erschufen den Menschen aus einer Samenmischung, ihn zu prüfen, und wir gaben ihm Gehör und Gesicht." (Sure 76:2)

Und wer sich schon einmal gefragt hat, wie Gott mit Adam und Eva allein dem Inzest begegnen wollte, der erfährt in Sure 39 von acht Paaren, wiederum ohne Adam:

„Erschaffen hat er euch von einer Seele; alsdann machte er von ihr ihre Gattin und sandte euch hinab acht gepaart." (Sure 39:8)

Der wahre Auszug

Mohammed war ganz sicher kein Plagiator. Er wurde ebenso glaubwürdig vom *Unternehmen Gott* kontaktiert wie zum Beispiel Schwester Lucia ab dem Jahr 1916 in Fatima/Portugal.[20] Hingegen spricht vieles für das *Unternehmen Gott* als Verfasser des Korans. Allein die Diktion und das wohl hundertfach geäußerte persönliche Problem Gottes mit dem immer wieder vom Glauben abgefallenen oder widerspenstigen Volk sprechen Bände. In dreiundfünfzig Versen beklagt Gott sein altbekanntes Problem, dass die Menschen wiederkehrend *„neben Allah Götter setzten"* (Sure 3:144) und dass Israel trotz aller *„Gnade, mit der ich euch begnadete, und dass ich euch vor aller Welt bevorzugte"* (Sure 2:44) nicht als Sprungbrett um die Welt taugte. Viele Starthilfen erwiesen sich als Fehlzündung. Allein Gottes Schützenhilfe gegen den Pharao wird in siebenundzwanzig Suren insgesamt fünfundsiebzigmal thematisiert. In zwanzig Suren bezichtigt das *Unternehmen Gott* sich sogar des Völkermordes für die Ebnung des Weges rund um den Globus! Hier eine kleine Auswahl: *„Und so vertilgten wir sie […]"* (Sure 6:6); *„Und wie viele Städte vertilgten wir […]"* (Suren 7:3, 21:11, 28:58, 47:14, 65:8); *„Und wahrlich schon vertilgten wir die Geschlechter vor euch […]"* (Sure 10:14); *„Und wie viele Geschlechter vertilgten wir nach Noah […]"* (Sure 17:18); *„Und ein Bann sei auf jeder Stadt, die wir vertilgten, dass sie nicht wiederkehren […]"* (Sure 21:95); *„Und wie viele sündige Städte vertilgten wir […]"* (Sure 22:44).

Und was war der Dank? Obwohl *„wir Moses die Schrift gaben und ließen ihm Gesandte nachfolgen; und wir gaben Jesus, dem Sohn der Maria, die deutlichen Zeichen und stärkten ihn mit dem Heiligen Geist. So oft euch aber ein Gesandter brachte, was euch nicht gefiel, wurdet ihr da nicht hoffärtig und ziehet einen Teil der Lüge und erschlugt andere?"* (Sure 2:81)

---

[20] Siehe mein sechstes Buch: Aries 2018, a. a. O.

Und mit welchem Erfolg? Ein so mageres Judentum, dass man eigentlich nicht von einer Weltreligion sprechen kann, und ein Christentum auf Distanz zum Judentum. Da kann man doch verzweifeln! Aber immerhin hatten wenigstens die Regenten in der Spätantike zunehmend erkannt, dass das Bündnis mit den Offenbarungen eines akzeptierten Propheten eine profitable Allianz mit Gott bedeutete. Jetzt galt es nur noch, die Masse davon zu überzeugen. Wenn der erste Auszug, der Exodus, eine Sackgasse in die Wüste war und wenn zwei Großreiche, das Römische Reich und das Persische Reich, sich im Namen Gottes die Köpfe einschlugen, dann sollte der Dritte es richten. Das hört sich nach einem göttlichen Eingriff in die Weltpolitik an, wie er uns öfter begegnet: in der Antike ebenso wie im zwanzigsten Jahrhundert in Fatima und direkt danach in einer Allianz mit den USA, wenn wir denn den früheren Präsidenten Truman und Bush jun. Glauben schenken wollen.[21]

Meine Lösung für das Rätsel „Koran" lautet: Das *Unternehmen Gott* legte noch ein zweites Eisen ins Feuer. Entweder war es ein Trumpf in der Hinterhand für den Fall der Fälle, ein sogenannter *Plan B*, oder wir reden über einen Zwei-Phasen-Plan. Wegen des religiösen Debakels favorisiere ich die erste Möglichkeit. Andererseits existiert eine Sure, in der bereits Jesus Mohammed angekündigt haben soll. Das spräche eher für einen Plan mit Weitblick:

„Und da Jesus, der Sohn der Maria, sprach: ‚O ihr Kinder Israel, siehe, ich bin Allahs Gesandter an euch, bestätigend die Tora, die vor mir war, und einen Gesandten verkündigend, der nach mir kommen soll, des Name Ahmed ist.'" (Sure 61:6)

Der Name Ahmed ist arabischen Ursprungs und bedeutet „gepriesen" oder „gelobt" oder auch „der Preiswürdige" oder „der Lobenswerte". Mohammed bedeutet das Gleiche, nämlich „der Gelobte" oder „der

---

Gepriesene". Allerdings konnte man zur Lebzeit Jesu den Erfolg oder Misserfolg seiner Mission doch noch nicht absehen. Meine Lösung lautet: Wenn man das *Unternehmen Gott* kennt, dann scheint denkbar, dass es die Sure entgegen der Wahrheit einpflegte, um Mohammed zu pushen.

Wie dem auch sei. Schauen wir in das Alte Testament. Der Stammvater der Israeliten ist der Sohn von Abrahams Zweitgeborenem Isaak, namentlich Joseph oder auch Israel. Es gibt aber auch einen Stammvater der Araber, Abrahams erstgeborenen Sohn Ismael. Und dessen Geschichte klingt wie die eines sogenannten Schläfers, den man beizeiten und unter den gegebenen Umständen aktivieren konnte.

Wie kam es zu dem Erstgeborenen? Abrahams Frau Sara konnte zunächst kein Kind bekommen. Sie bot Abraham ihre Sklavin Hagar für den Nachwuchs an. Gesagt, getan. Hagar wurde schwanger in Kanaan. Es gab eine Auseinandersetzung zwischen Sara und Hagar, und Hagar musste im schwangeren Zustand fliehen. Auf der Flucht wurde sie von einem Boten Gottes angesprochen, der interessanterweise um die Hintergründe wusste. Er sagte ihr, sie sei schwanger, bekomme einen Jungen und Gott wolle, dass er Ismael heißt. Sara wurde dann mit Gottes Hilfe doch noch schwanger, und Gott schloss seinen Bund mit Abraham und dem Zweitgeborenen Isaak:

„Mit ihm will ich meinen Bund errichten zum Weltzeit-Bund für seinen Samen nach ihm." (1. Mose 17:19)

Danach schickte er Ismael auf die Reservebank, denn *„auch für Ismael erhöre ich dich: da, ich habe ihn gesegnet, ich lasse ihn fruchttragen, lasse ihn sich mehren reich, überreich, zwölf Fürsten wird er erzeugen, ich will ihm geben, zu einem großen Stamme zu werden."* (1. Mose 17:20)

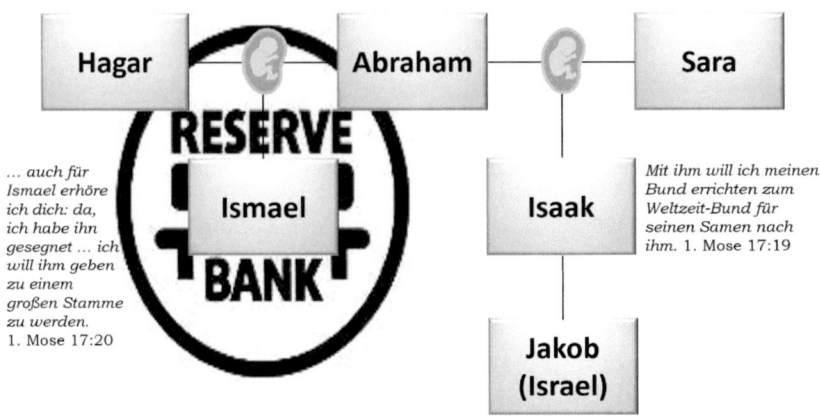

Bild 2 (Bild: Hubert Berghaus)

Die religiöse Zerstrittenheit in der Spätantike war für das *Unternehmen Gott* ein Desaster. Im Koran deutete Gott sein Vorhaben an, in der Sache einen Schlussstrich zu ziehen:

„Besiegt sind die Griechen im nächsten Land; aber nach ihrer Besiegung werden sie siegen in wenigen Jahren [...] über Allahs Hilfe; er hilft, wem er will [...]" (Sure 30:1 ff.)

Die „Griechen" waren historisch die Römer. Und in den Jahren 622 bis 627 hat sich die Prophezeiung erfüllt. Rom verlor Palästina an Chosrau II. (Regierungszeit 590–628). Der griechisch-römische Feldherr Herakleios (Reg. 610–641) drehte das Blatt mit *„einem der sensationellsten Comebacks der Militärgeschichte".* Auf den letzten Metern des Erfolges will man interessanterweise *„himmlische Heere beobachtet haben, die in den Wolken aufeinandertrafen"*[22]. In der Folge waren die Perser mit

---

[22] Holland 2012, a. a. O., S. 297.

ihrer militärischen Kraft am Ende und das Oströmische Reich ebenso stark geschwächt. Das erklärt aber noch nicht den Spaziergang der Araber gegen Rom und Persien. Für dieses Wunder waren die Araber nur deshalb stark genug, weil die Bewohner Roms und Persiens im Laufe einiger Jahrzehnte vor Mohammed durch die Pest dezimiert wurden. War die Pest eine göttliche Biowaffe als Schützenhilfe für den arabischen Siegeszug? Es gab jedenfalls seltsame Vorkommnisse:

Im Juli 541 verwandelte im östlichen Nildelta eine Epidemie zunächst den Hafen Pelusiums und dann die ganze Stadt in ein Leichenhaus und breitete sich dann von Küstenstadt zu Küstenstadt mit tödlicher Geschwindigkeit aus. Im selben Sommer sah man vor der ägyptischen Küste *„dutzende geisterhafter Bronzeschiffe, die wie Feuer glühten"*. Blitzende Schiffe, die sich mit *„überirdischer Geschwindigkeit"*[23] über das Meer bewegten. Ende August hatte eine Flotte Ägypten verlassen und wurde vor Gaza gesichtet. Zugleich fuhr eine zweite Flotte westwärts. Bei jeder Sichtung eines metallenen Schiffes ereilte die Leute an der Küste ein plötzliches Fieber mit schmerzhaften, schwarzen Schwellungen in Leisten, Achselhöhlen und hinter dem Ohr. Der Bauch war geschwollen, und sie erbrachen sturzflutartig Eiter. Im September war ganz Alexandria betroffen. Die Pandemie setzte sich fort und erfasste im Frühjahr 542 Konstantinopel. Im Jahr 543 traf es Süd- und Mitteleuropa, und im Jahr 545 ging es in Persien noch schlimmer zu als zuvor im Westen. Sogar China war betroffen. Überlebende waren stark gezeichnet, sprachen nur noch lispelnd und liefen ruckartig torkelnd.

Nur die Araber blieben hinter dem Schutzschild der Wüste so unberührt wie Schwester Lucia in Fatima vor der sogenannten Spanischen Grippe. Zu Letzterer äußerte ich die Vermutung, ob nicht das *Unternehmen Gott* die Pandemie verursacht habe.[24] Es gibt Gründe für diese Spekulation. Half das *Unternehmen Gott* mit der sogenannten Pest

---

[23] Holland 2012, a. a. O., S. 270.
[24] Aries 2018, a. a. O., S. 48 ff.

auch den Arabern auf die Sprünge? Immerhin sagt Gott an acht Stellen im Koran, dass er es fortan in arabischer Sprache versuchen wollte!

„Siehe, wir haben es hinabgesandt als einen arabischen Koran [...]" (Sure 12:2)

„Und demgemäß sandten wir ihn als eine Vorschrift in arabischer Sprache nieder." (Sure 13:37)

„Und demzufolge sandten wir ihn als arabischen Koran nieder [...]" (Sure 20:112)

„In offenkundiger arabischer Zunge." (Sure 26:195)

„Einen arabischen Koran, in dem keine Krümme ist; vielleicht werden sie gottesfürchtig." (Sure 39:29)

„Also haben wir dir einen arabischen Koran geoffenbart, damit du warnest die Mutter der Städte und alle ringsum [...]" (Sure 42:5)

„Siehe wir machten es zu einem arabischen Koran, auf dass ihr vielleicht begriffet." (Sure 43:2)

„Aber vor ihm war das Buch Moses, eine Richtschnur und eine Barmherzigkeit. Und dies ist ein Buch, das (es) in arabischer Sprache bestätigt [...]" (Sure 46:11)

Das alles führt zu einer gewichtigen Spekulation: Man darf darüber nachdenken, ob die Ursache für den Beginn der muslimischen Zeitrechnung eine neue Bedeutung erhält. Dann stünde das Jahr eins im muslimischen Kalender nicht für die Flucht Mohammeds von Mekka nach Medina, die, wie ich schon sagte, wohl eher eine geplante Wanderung mit Gabriels Hilfe war. Mit der sogenannten Hidschra wäre die Fortsetzung des zuvor im Sande verlaufenen jüdischen Auszugs gestartet. Jetzt aber wirklich um die Welt. Schon während weniger Jahrzehnte nach Mohammed lag die Weltherrschaft quasi in den Händen der Nachkommen von Abrahams halbblütigem Sohn, der Ismaeliten. Urplötzlich wurde das Arabische nicht mehr verachtet, sein Klang galt als Melodie der Stärke, und so, wie Gott die arabische Sprache für die endgültige Indoktrination der Menschen favorisierte, so entstand unmittelbar nach Mohammed die arabische Schrift; durch die Kunst der Kalligraphen zu erlesener Vollkommenheit verfeinert. Die vormals ignorierte Brut Ismaels, dieser Inbegriff von Unbeherrschtheit und Unterentwicklung, hatte quasi im Handstreich ein weltbedeutendes „Haus des Islams" gegründet, und die gläubigen Auswanderer bezeichneten sich fortan als Muslime. Und erstmalig hatte das *Unternehmen Gott* eine Gemeinschaft unter seinen Fittichen, die noch rund 1500 Jahre später die Menschen erdenweit inspirierte. Der Auftrag unseres „Lieben Gottes", also des Gottes, den Sie vermutlich auf Ihrer Steuerkarte stehen haben und an den Sie sich bei Taufen, Hochzeiten, Gottesdiensten und Beerdigungen wenden, dürfte lauten: „Macht aus der Erde eine Kaaba; erobert, gereinigt und geheiligt in meinem Namen. Amen."

Rätsel KAABA

Auf welche Ur-Kaaba bezieht Gott sich in dem fiktiven Satz? Im Koran fällt die Bezeichnung „Kaaba" nur in einer Sure und dort auch nur zweimal (Sure 5:96 und 5:98). Achtmal wird eine heilige Stätte das *Haus* genannt, wobei zweimal die abweichende Bezeichnung *das alte Haus* den Eindruck von zwei Heiligtümern entstehen lässt. Dreimal wird es als die *Stätte Abrahams* mit der Pflicht zur Pilgerfahrt herausgestellt und elfmal als *Heilige Moschee*; in zwei Fällen wiederum gibt das Mehrzahlwort *Moscheen* mehrere Heiligtümer vor. Dreimal wird im Zusammenhang mit der Heiligen Moschee von der sogenannten *Kibla* gesprochen, das ist die Gebetsrichtung zum Standort der Moschee. In einem der drei Fälle ist aber auch von einer früheren Kibla die Rede, sodass wir zum dritten Mal den Eindruck von mindestens zwei Heiligtümern erhalten.

Überlegen wir: Abraham war nie in Mekka. Seine Heimatstadt Ur in Chaldäa hatte er verlassen und war nach Kanaan gezogen, dann nach Ägypten und wieder zurück, aber mit keiner Silbe steht irgendwo, dass er sich über 1500 Kilometer in den Süden verlaufen habe. Trotzdem setzt man die *Stätte Abrahams* mit der heutigen Kaaba gleich:

Sie sei *„das erste Haus, gegründet für die Menschen, wahrlich, das war das in Bekka* [angeblich Mekka] *– ein gesegnetes und eine Leitung für alle Welt. In ihm sind deutliche Zeichen – die Stätte Abrahams. Und wer es betritt, ist sicher."* (Sure 3:90 f.)

„Nehmt Abrahams Stätte als Bethaus an [...] *für die* [...] *sich Beugenden und Niederwerfenden!* (Sure 2:119)

Im Koran lassen sich nur zwei von neun Ortsbezeichnungen dingfest machen: der Berg Sinai und die Oasensiedlung Yathrib, das heutige Medina. Weitere fünf Orte, darunter auch Mekka, könnten überall sein. Holland weist darauf hin, dass der Ort „Bekka" in der islamischen Theologie keineswegs lokalisiert sei. *„Muslimische Gelehrte, die ebenfalls vor einem Rätsel standen, bemühten sich mit beträchtlicher Findigkeit aufzuweisen, dass es sich dabei lediglich um einen anderen Namen für Mekka handelt."*[25]

Es bleibt dabei: Abraham setzte nach geschichtlicher Überlieferung niemals einen Fuß in das heutige Mekka. Seine Marschroute führte nach Kanaan. Es gibt keine Überlieferung, dass Gott Abraham Arabien versprochen hatte. Wenn Abraham sich nicht verlaufen hatte, dann ist das *„erste Haus – die Stätte Abrahams"* nicht die heutige Kaaba. Es gibt nur eine Stätte Abrahams als einen Ort des Betens: Im heutigen

---

[25] Holland 2012, a. a. O., S. 332.

Jerusalem, auf dem Felsen, wo er seinen Sohn Isaak opfern sollte, baute Abraham nicht einen – also: irgendeinen – Altar, wie es sonst in 1. Mose heißt, sondern er *„baute dort den Altar und schichtete das Holz"* (1. Mo 22,9). Nur in diesem Fall legte man auf den bestimmten Artikel Wert.

Als der fränkische Bischof Arculf rund vier Jahrzehnte nach Mohammeds Tod Jerusalem besuchte, stellte er fest, dass am Platz des früheren Tempels Salomons, also auf dem Opferfelsen Abrahams, eine viereckige Moschee stand.[26] Heute ist das der achteckige Felsendom. Und laut Überlieferung ist das der Ort, zu dem sich am „Tag des Gerichts" nicht nur die Gläubigen, sondern sogar alle Moscheen zur Pilgerreise aufmachen sollen, und zwar inklusive der Kaaba in Mekka,[27] womit sie auf Platz zwei rutscht und *Abrahams Stätte* in Jerusalem zur eigentlichen Kaaba wird.

Neue Wegweiser

Die Ur-Kaaba-These wird durch eine frühere und eine neue Angabe zur Richtung beim Beten untermauert. In Sure 2 verkündet Gott Mohammed eine neue geistige Marschroute. Natürlich war die religiöse Verwirrung im Volk absehbar. Man bereitete Mohammed mit fiktiver Kritik und vorgefertigten Antworten darauf vor:

„Sprechen werden die Toren unter dem Volk: ‚Was wendet er sie ab von ihrer Kibla, die sie früher hatten?' Sprich: ‚Allahs ist der Westen und der Osten; er leitet, wen er will, auf den rechten Pfad.' Und so machten wir euch zu

---

[26] Arculf: *Adamnan's De Locis Sanctis.* Hrsg. v. Denis Meehan. Dublin Institute for Advanced Studies, Dublin 1958, S. 43.

[27] Myriam Rosen-Ayalon: *The Early Islamic Monuments of Al-Haram Al-Sharif: An Iconographic Study.* Institute of Archaeology, Hebrew University of Jerusalem, Jerusalem 1989, S. 69, mit Bezug auf al-Muqqadasī.

einem Volk in der Mitte, auf dass ihr Zeugen seid in betreff der Menschen; und der Gesandte wird in betreff eurer Zeuge sein. Und wir setzten die Kibla ein, die du früher hattest, allein um zu wissen, wer dem Gesandten folgte und wer sich auf seiner Ferse umkehrt […]" (Sure 2:136)

Künftig sollte man an der neuen Richtung Gefallen finden:

„Wir sahen dich dein Antlitz in den Himmel kehren, aber wir wollen dich zu einer Kibla [Richtung] *wenden, die dir gefallen soll. Wende dein Angesicht nach der Richtung der heiligen Moschee, und wo immer ihr seid, wendet eure Angesichter nach der Richtung zu ihr; und siehe jene, denen das Buch gegeben ward, wissen wahrlich, dass dies die Wahrheit von ihrem Herrn ist."* (Sure 2:139)

Dass es sich bei der früheren Richtung in Vers 136 nur um die Ur-Kaaba in Jerusalem handeln kann, geht daraus hervor, dass man schon zu Moses' Zeiten dem Volk in Ägypten eine Qibla (Kibla) vorgab:

„Und wir offenbarten Moses und seinem Bruder: Bereitet eurem Volk in Ägypten Häuser und machet in den Häusern eine Qibla und verrichtet das Gebet und verkündet Freude den Gläubigen." (Sure 10:87)

Das war rund 1600 Jahre vor Mohammed. Die heutige Kaaba in Mekka war damit niemals gemeint. Selbst der erste Tempel Salomons war noch in weiter Ferne. Aber der Grundstein, der Opferfelsen Abrahams, existierte zu der Zeit schon seit rund vierhundert Jahren.

Das Problem war vorhersehbar. Die alte heilige Richtung saß in den Köpfen der abrahamitischen Bevölkerung fest, und Mohammed war zeit seines Lebens nie in Jerusalem aktiv gewesen. Verständlicherweise konnte das *Unternehmen Gott* allein mit mündlichen Vorgaben über Mohammed die neue Ausrichtung nur schwer vermitteln. Mehrere Jahrzehnte nach Mohammeds Tod *„war das Bewusstsein noch immer lebendig, dass das Haus Gottes nicht immer felsenfest auf seinem Platz in*

Mekka stand. Ein muslimischer Gelehrter erinnerte sich später: ,Zur Zeit des Propheten, Gott segne ihn und gebe ihm Frieden, wandten wir unser Gesicht alle in eine Richtung – aber nach dem Tod des Propheten wendeten wir uns hierhin und dorthin.'[28]

Eine sichtbare Kibla musste her. So machten sich wenige Jahrzehnte nach Mohammeds Tod Handwerker an die Arbeit und meißelten die neue Richtung in den Stein zahlreicher Moscheen. *„Von den dicht bevölkerten Ufern des Nils bis zur verlassensten Ecke des Negev wurden qiblas, die zuvor in östliche Richtung gewiesen hatten, akribisch in Richtung Süden ausgerichtet. Und in Kufa wurde die Richtung Westen weisende qibla ebenfalls nach Süden gedreht [...]. Wenn die Berechnungen der Renovierungsarbeiter an den Moscheen zutrafen, dann befand es [das Haus Gottes] sich jetzt viel weiter im Süden, an einem Ort mitten im Hijaz. Und das kann nur ein einziger Ort gewesen sein: Mekka."*[29]

Alte Würfel – neues Spiel

Aber warum wurde der heutigen Kaaba (Arabisch für Kubus, Würfel), 1500 Kilometer südlich, in einem damals unfruchtbaren Tal namens Mekka, die Ehre zuteil? Die Stadt Mekka war zu Mohammeds Zeiten alles andere als ein wirtschaftlicher Dreh- und Angelpunkt. In der Einleitung sprach ich die irritierend lückenhaften Zeugnisse der damaligen Gesellschaft zum Koran, zu Mohammed und sogar zur Stadt Mekka und auch den Koreischiten an. Im Koran fällt die Bezeichnung „Mekka" nur einmal, und zwar ohne einen konkreten Ortsbezug:

---

[28] Holland 2012, a. a. O., S. 390. Den muslimischen Gelehrten zitiert Holland seinerseits aus (nach eigener Angabe): Nu'aym b. Hammad al-Marwazi, im *Kitab al-Fitan*, zitiert bei Sharon (1988), S. 234, Fn. 7.

[29] Holland 2012, a. a. O., S. 388.

„Und er war's, der ihre Hände von euch abhielt und eure Hände von ihnen in dem Tal von Mekka, nachdem er euch über sie obsiegen ließ; denn Allah schaut euer Thun." (Sure 48:24)

Und selbst diese Sure bezieht sich mehr auf das Tal als auf den Ort. Auch für Holland ist über den Fakt der Existenz des Ortes hinaus *„alles rätselhaft und dunkel"*[30]. Er weist darauf hin, dass der Raum Mekka für einen Mann mit einem Gespür für profitable Geschäfte ein wirtschaftlich ungeeigneter Ort war. Karawanen kamen nicht einmal ansatzweise in die Nähe von Mekka. *„Ein Kaufmann aus Alexandria konnte sich begeistert über die Handelsmöglichkeiten an weit entfernten Orten wie Indien auslassen und dabei kein Wort über Mekka verlieren, obwohl es faktisch vor seiner Haustür lag. In Texten von Zeitgenossen Mohammeds – seien es Diplomaten, Geographen oder Historiker – glänzt der Name Mekka durch Abwesenheit."*[31]

Was für Mekka gilt, trifft auch für die Koreischiten zu. Vor dem großen Krieg mit Persien warben die Römer ganze arabische Stämme für den Grenzschutz an. Diese kamen aus den Tiefen Arabiens und waren in Richtung Norden und Palästina unterwegs. *„Die Provinzbeamten ließen es sich angelegen sein, diese Bewegung zu überwachen und zu regulieren, das wird ersichtlich aus der Sorgfalt, mit der die Neuankömmlinge registriert wurden. Immer mehr exotische Namen zierten die Dienstpläne der foederati. Zwischen Palästina und dem Hijaz gab es keine ethnische Gruppierung, bei denen die Römer keine Anwerbungsversuche gemacht hätten. Nie zuvor war die Stammesstruktur Arabiens so eng mit den Interessen der römischen Strategen verquickt. Allerdings tut sich in jeder Liste aus dieser Zeit eine irritierende Lücke auf. Was für Mekka gilt [...] gilt auch für die Koreischiten [...] nichts als ohrenbetäubendes Schweigen."*[32]

---

[30] Ebd., S. 390.

[31] Ebd., S. 309.

[32] Ebd., S. 337.

Und trotzdem ist es, wie es ist: Mekka wurde die heiligste Stadt des Islams. Dann aber muss es auch eine Erklärung für den Standort der Kaaba geben. Der Neustart des *Unternehmens Gott* mit den Arabern erforderte meines Erachtens auch einen neuen religiösen Mittelpunkt in Arabien. Ich vermute, das *Unternehmen Gott* schlug mit der Kaaba in Mekka zwei Fliegen mit einer Klappe. Eingangs sprach ich drei Hauptgötter an, Allat, Manat und al-Uzza. Zu der Zeit wurde Mohammed von den Koreischiten verfolgt. Sie wollten ihn als Gesandten Gottes anerkennen, wenn er im Gegenzug ihre drei Hauptgötter akzeptiere. Mohammed willigte vorschnell ein, angeblich verstieg er sich sogar zu Lobeshymnen:

„Habt ihr Allat und al-Uzza gesehen, und auch Manat, diese andere, die dritte? Das sind die erhabenen Kraniche. Auf ihre Fürbitte darf man hoffen."[33]

Offenbar wurde er direkt danach zurückgepfiffen, weil er wenig später seine Mitteilung mit der folgenden Offenbarung ersetzte:

„Was meint ihr drum von Allat und al-Uzza, und Manat, der dritten daneben? Sollen euch Söhne sein und ihm Töchter? Dies wäre dann eine ungerechte Verteilung. Siehe nur Namen sind es, die ihr ihnen gabt, ihr und eure Väter. Allah sandte keine Vollmacht für sie hinab." (Sure 53:19 ff.)

Das sind harmlose Worte. In der Bibel äußerte Gott dagegen unverhohlenen Hass. Warum? Manat war in vorislamischer Zeit neben Allat und al-Uzza eine der drei in Mekka verehrten Hauptgottheiten. Manats Sitz wurde in einem schwarzen Stein angenommen, und bei Wallfahrten wurden ihr Weihgeschenke und Schlachtopfer dargebracht.[34] Desgleichen al-Uzza: Ihr Sitz wurde in einem roten Stein angenommen.[35]

---

[33] https://de.wikipedia.org/wiki/Al-L%C4%81t (zuletzt abgerufen: 29.10.2019).

[34] https://de.wikipedia.org/wiki/Man%C4%81t (zuletzt abgerufen: 29.10.2019).

[35] https://de.wikipedia.org/wiki/Al-%CA%BFUzz%C4%81 (zuletzt abgerufen: 29.10.2019).

Die Göttin Allat war laut Überlieferung die Frau des Gottes Dushara im Bereich des heutigen Jordaniens/Israels. Ihr Sitz wurde in einem viereckigen, weißen Stein angenommen. Laut dem griechischen Lexikographen Suidas war Dusharas Idol ein vier Fuß hoher schwarzer Quader auf einem goldenen Sockel, also im Grunde auch eine Kaaba.[36] Zudem bestand eine Verbindung zwischen Allat und der Göttin Astarte, die wiederum mit Baal verbunden war.[37] Und Baal wurde in der Bibel zur hasserfüllten Zielscheibe Gottes. Der Hass auf Baal ist außergewöhnlich. In meinem vierten Buch habe ich eine mögliche Verbindung zwischen den bereits erwähnten abtrünnigen Söldnern Gottes und Gottes Baal-Hass herausgearbeitet.[38] Und in dem Zusammenhang kann ich es nicht oft genug betonen: Als der sogenannte Islamische Staat im August 2015 in Palmyra den Baal-Tempel zerstörte,[39] handelten die verblendeten Ismaeliten ausweislich der Bibel im Sinne Gottes!

In jedem Fall konnten die Araber auch nach der Einnahme Mekkas durch Mohammed und der Zerstörung der alten Gottheiten nicht davon ablassen, in Krankheitsfällen vorsichtshalber doch bei den alten Steinen um Hilfe zu bitten.[40] Und wohlgemerkt: Man war sich gleichwohl der abrahamitischen Abstammung bewusst. Für die Araber war das kein Problem. Für Gott sehr wohl. Wenn das *Unternehmen Gott* die Ismaeliten für den Zug um die Welt haben wollte, den Kaaba-Kult um die alten Götterkonkurrenten aber nicht ausmerzen konnte, dann war es sicherlich ein probates Mittel, einen der Würfel für sich zu reklamieren. Und die Kaaba in Mekka dürfte die prominenteste Stätte gewesen sein. Also trug man Adam, Abraham und den ominösen Stein

---

[36] https://de.wikipedia.org/wiki/Duschara (zuletzt abgerufen: 29.10.2019).

[37] https://de.wikipedia.org/wiki/Astarte (zuletzt abgerufen: 29.10.2019).

[38] Judas Aries: *Prozessakte Gott – Untersuchung einer kriminellen Vereinigung mit terroristischen Zügen.* Books on Demand, Norderstedt 2014, S. 58 ff.

[39] https://www.zeit.de/politik/2015-08/is-zerstoerung-palmyra-tempel (zuletzt abgerufen: 29.10.2019).

[40] https://de.wikipedia.org/wiki/Al-L%C4%81t (zuletzt abgerufen: 29.10.2019).

in die Kaaba, in dieses nach dem Vorbild des „von Engeln besuchten Hauses" gestaltete Gebäude. Es hat funktioniert, und trotz mehrfacher Zerstörung und Wiedererrichtung wurde und ist es immer noch das Ziel einer der fünf Säulen des Islams, nämlich der Pilgerfahrt eines jeden Muslim, der mindestens einmal im Leben nach Mekka zur Kaaba kommen sollte.

Weitere Mysterien

Zwei Gebete zu viel

Die fünf Säulen des Islams sind das islamische Glaubensbekenntnis, das Pflichtgebet, die Almosengabe, das Fasten im Ramadan und eben die Pilgerfahrt nach Mekka. Bei meiner Arbeit an diesem Buch fiel mir auf, dass Gott an keiner Stelle im Koran das rituelle Gebet als täglich fünfmalige Pflicht vorschreibt. Stattdessen lesen wir:

„Und gedenke des Namens deines Herrn des Morgens und des Abends und zur Nacht." (Sure 76:25 f.)

Sure 24:57 spricht ausdrücklich drei Gebete an, auch wenn die Zeiten variieren: *„O ihr, die ihr glaubt, lasset euch dreimal um Erlaubnis bitten (um Eintritt) [...] vor dem Gebet der Morgenfrühe und zur Zeit, da ihr eure Kleider am Mittag ablegt und nach dem Abendgebet [...]."*

Ich finde das ungeheuerlich. Eine der fünf Säulen des Islams, das rituelle fünfmalige Gebet, wird im Koran nicht erwähnt! Beim Studium von Tom Hollands Werk erhielt ich eine Bestätigung für meine Entdeckung. Auch ihm fiel es auf, und er hat eine Erklärung dafür: Es handelt sich um eine uralte zoroastrische Vorschrift.[41] Der Zoroastrismus oder Zarathustrismus (auch: Mazdaismus oder Parsismus) ist eine Religion mit heute etwa 120.000–300.000 Anhängern.[42] Die parsische Glaubensgemeinschaft basiert auf den göttlichen Offenbarungen an Zoroaster (auch: Zarathustra). Lebens- und Wirkungszeit des Religionsstifters sind nicht genau datierbar. Die Vermutungen reichen vom ersten bis ins zweite Jahrtausend v. Chr. Der Schöpfergott soll sich ihm als Urquell des Guten gezeigt und die Natur des Kosmos nahegebracht haben. Dieser

---

[41] Holland 2012, a. a. O., S. 408.

[42] https://de.wikipedia.org/wiki/Zoroastrismus (zuletzt abgerufen: 29.10.2019).

Schöpfergott soll zuerst die geistige Welt und dann die materielle Welt erschaffen haben. Zudem verkörpere er die Macht des Lichts.

In diesen Aussagen schwingt interessanterweise eine gehörige Portion wissenschaftliche Erkenntnis mit.[43] Laut der von Einstein entdeckten Äquivalenz zwischen Energie und Masse ($E = mc^2$) kann sich Lichtenergie in Masse umwandeln. Aus der Energie eines Lichtteilchens können spontan zwei Masseteilchen entstehen – je ein Stück Materie und Antimaterie. Umgekehrt ist es auch möglich: Wenn ein Stück Materie und Antimaterie miteinander kollidieren, kann daraus ein Lichtteilchen entstehen. Physikalisch betrachtet existierte im Kosmos anfangs nur das Licht, die Materie folgte deutlich später. Das Licht ist der Urstoff von allem, auch von Ihnen! Das Licht ist die Quelle von Raum, Zeit und Materie. Der lichtdurchflutete Kosmos verhält sich also wie eine gebärende Schöpferin. Und weil das (bis heute unverstandene und unsichtbare) Licht nicht nur DIE schöpfende Kraft ist, sondern auch DER Datenträger für alles im Universum, trifft die Beschreibung des Schöpfergottes der Parsen den Nagel auf den Kopf. Zuerst kam die geistige Welt (der Datenträger Licht), aus ihr heraus wurde dann die materielle Welt geschaffen.

Die biblische Arche und der kubische Büchertresor

Im Abschnitt „Außerbiblisches Wissen zum Paradies" ging ich kurz auf die realen Hintergründe der biblischen Sintflut ein. So glaubhaft das weltumspannende Ereignis nach völkischer Überlieferung ist, so vernünftig sind auch die Hinweise verschiedener historischer Quellen,

---

[43] Für das Verständnis dieses Absatzes verweise ich auf mein Buch *Gefährder Einstein* (Aries 2019, a. a. O.) und daneben vor allem auf die Werke von Prof. Dr. Markolf H. Niemz: *Ichwahn.* Ludwig, München 2017; *Lucys Vermächtnis – Der Schlüssel zur Ewigkeit.* Droemer/Knaur, München 2009.

dass es sich bei der Großen Pyramide von Gizeh (Cheopspyramide) um die biblische Arche handeln soll.

Meines Erachtens müssen wir diese Arche-Pyramide-Identität weiter denken, als ich es bisher in meinen Büchern und in Vorträgen vorgeschlagen habe. Für ein besseres Verständnis muss ich wenige Sätze aus meinem zweiten Buch wiederholen. Aus 1. Henoch und 2. Henoch[44] erfahren wir, dass Henoch zum Dunstkreis Gottes gehört. Von dort aus fungierte er als eine Art Brückenkopf zwischen Gott und seinen eigenen Nachkommen bis zum Urenkel namens Noah. Henoch verfasste von Gott diktierte Daten für die Menschen in 366 Büchern. Dazu wurde er der uralten, glaubhaften Schrift zufolge an Bord eines Raumschiffes geholt. Er verfasste die 366 Bücher unter der Aufsicht eines Bibliothekars namens Vrevoil in kurzer Zeit mit einem *„Schreibrohr der Schnellschreibung"*[45]. Die Bücher sollten nach Gottes Willen so auf der Erde archiviert werden, dass sie ausdrücklich vor der beabsichtigten Flut geschützt waren. Damit keine Verwirrung aufkommt: 1. Henoch und 2. Henoch sind Überlieferungen aus Henochs auf der Erde verfassten Erfahrungsbericht an seine Verwandtschaft (Priesterschaft). Die 366 Bücher sind an bis heute unbekanntem Ort verwahrt. Laut Gott würden „Engel" den Schutzraum namens Arche zurecht machen.

Laut dem Pyramidenkapitel im Werk „Hitat" des arabischen Historikers al-Makrīzī (1364–1442) habe der biblische Henoch gewusst, dass die Sintflut kommen werde, und habe deshalb die großen Pyramiden von Ägypten gebaut, um dort u. a. gelehrte Schriften zu verwahren.[46]

---

[44] http://homepage.ruhr-uni-bochum.de/Michael.Luetge/Himmelsr2.html#_Toc256248639 (zuletzt abgerufen: 29.10.2019).

[45] 2. Henoch, Kapitel XXII.

[46] Stefan Eggers (Hrsg.): *Das Pyramidenkapitel in Al-Makrizi's „Hitat"*. Books on Demand, Norderstedt 2003.

Bereits über hundert Jahre vor al-Makrīzī kam der Historiker Abu Ja'far al-Idrisi zu dem Ergebnis, dass die sogenannte Cheopspyramide vor der Sintflut erbaut worden sei, und zwar als ein Tresor für uraltes fantastisches Wissen.[47]

Das sogenannte Gilgamesch-Epos berichtet in der ältesten Schrift der Menschheit, der mesopotamischen Keilschrift, de facto von der biblischen Sintflut. Zum Grundmaß der Arche steht dort: *„Die Maße des Schiffes, welches du erbauen wirst, seien aufeinander abgestimmt: Genau gleich sein sollen seine Breite und seine Länge."*[48]

Ein mittelalterlicher Maler rundet das Bild ebenfalls auf ein quadratisches Maß ab, wenn er die Arche Noah in Form einer Stufenpyramide darstellt.

Bild 3 (Noah schickt die Taube aus, 14. Jahrhundert)

---

[47] Ulrich Haarmann: *Das Pyramidenbuch des Abu Ga'far Al-Idrisi.* Franz Steiner, Stuttgart 1998.

[48] Stefan M. Maul: Das Gilgamesch-Epos. 7. Auflage. C. H. Beck, München 2017, Elfte Tafel, Zeilen 28–30.

Wenn dem *Unternehmen Gott* ein Schutzraum für diverse Schriften so wichtig war, dass er über die Zeiten und auch der Sintflut standhält, dann war die Arche kein vergängliches Holzschiff. Dann hätte die Arche das Zeug zu einem dauerhaften Wahrzeichen. Interessanterweise spricht Gott im Koran genau diese Worte, wenn er über die Arche spricht. Grundsätzlich hält sich der Koran zwar an die biblische Darstellung eines Schiffes. Aber in zwei Suren spricht er von der Arche als einem Zeichen für alle Welt:

„Und wir retteten ihn und die Leute der Arche; und wir machten sie zu einem Zeichen für alle Welt." (Sure 29:14)

„Und wahrlich, wir ließen es [die Arche] *als Zeichen übrig."* (Sure 54:15)

Ein Holzschiff ist definitiv untauglich als ein Zeichen für alle Welt. Die Große Pyramide hingegen kann man noch heute begehen und selbst auf Satellitenbildern sehen. Außerdem wurde sie erdbebensicher erbaut. Kurzum: ein tauglicher Schutzraum und ein Zeichen für die Welt.

Im Koran lässt das *Unternehmen Gott* auch durchblicken, dass man eine Fassung (ein Ur-Manuskript?) des Korans *auf verwahrter Tafel* (Sure 85:21 f.) hinterlegt habe. Das hört sich nach einem Versteck für eine zweifellos weltbewegende Schrift an. Laut Henoch, al-Makrīzī und al-Idrisi wollte Gott die Pyramidenarche als Schutzraum u. a. für fantastisches Wissen. Wird die „Tafel" dort verwahrt? Der Gedanke ist schlüssig, und das beste Versteck ist immer noch das, das alle vor Augen haben.

Wenn Sie nun sagen: „Aber jeder weiß doch, dass die Große Pyramide als ein Grabmal für Pharao Cheops gebaut wurde!", dann möchte ich Ihnen sagen: Ich habe den Sachstandsbericht zu den ägyptischen Pyramiden von der wohl anerkanntesten Koryphäe auf diesem Gebiet ausgewertet. Die Rede ist von Prof. Dr. Rainer Stadelmann und seinem

Standardwerk.[49] Stadelmann begann im Jahr 1953 mit dem Studium der Ägyptologie, Altorientalistik und Archäologie. Ab 1968 war er wissenschaftlicher Direktor am Deutschen Archäologischen Institut Kairo, von 1989 bis 1998 dessen Erster Direktor. Ich zitiere nur fünf Aussagen, die verdeutlichen, dass an den Ausgrabungsstätten der Pyramiden nicht alles Gold ist, was glänzt:

„Der Schritt von der Stufenpyramide zur echten, strengen Pyramidenform ist keineswegs eine logische, zwangsläufige Weiterentwicklung, wie man immer annimmt, sondern – wie sich an den Beispielen Mesopotamien und Mittelamerika zeigt, wo dieser Schritt nicht getan wurde – ein Vorgang höchster Abstraktion [...]"[50]

„Der Anfang der 3. Dynastie liegt für uns wie der Übergang der 1. zur 2. Dynastie im Dunkel einer denkmälerarmen Zeit verborgen. Selbst die überlieferten Namen der Könige und ihre Abfolge sind nicht eindeutig gesichert."[51]

„Ungeachtet der nicht wenigen Untersuchungen und Veröffentlichungen zum Pyramidenbau müssen wir uns ehrlich eingestehen, dass wir über die Technik und Methoden des Baues praktisch nichts Sicheres wissen und ausschließlich auf Annahmen und Beobachtungen angewiesen sind, die davon ausgehen, wie wir Heutigen uns die Bewältigung einer derartigen Aufgabe mit den damals vorhandenen Mitteln vorstellen."[52]

Obwohl die Große Pyramide *„neben dem Parthenon als bestvermessenes Bauwerk der Antike gelten kann [...] geben sowohl die Baugeschichte als auch die dabei verwendete Technik noch viele Rätsel auf. Bemerkenswert*

---

[49] Rainer Stadelmann: *Die ägyptischen Pyramiden – Vom Ziegelbau zum Weltwunder.* 3. aktualisierte und erweiterte Auflage. Von Zabern, Darmstadt 1997.

[50] Ebd., S. 9.

[51] Ebd., S. 35.

[52] Ebd., S. 217.

ist, dass diese Genauigkeit schon bei den folgenden Bauten nicht mehr erreicht oder erstrebt (?) worden ist [...]"[53]

Über den bekannten Pharao Chephren erfahren wir sogar, dass er in einem Mastabagrab östlich der zur Cheopspyramide gehörenden Königinnenpyramiden bestattet wurde, denn dort *„lagen in fünf Zweierreihen die Doppelmastabas der Cheopssöhne und Enkel, in der ersten Reihe, hinter den königlichen Müttern, die Prinzen Kawan und Chaef-Chufu, der nach dem Tod seines Bruder Djedefre als zweiter Sohn des Cheops mit dem Namen Chaef-re = Chephren den Thron bestieg."*[54]

Ja, wer hat denn den Chephren umgebettet? Warum liegt er nicht in seiner Pyramide? Die Wissenschaft hat keinerlei Beweise für die allgemein bekannte Grabtheorie zu den Pyramiden! Dafür haben wir mit Chephren den Beweis, dass ein Pharao sehr wohl nur der Namensgeber einer Pyramide sein kann. An der Cheopspyramide ist nicht einmal das Klingelschild „Cheops" angebracht. Nach meinem Studium von Stadelmanns äußerst umfangreichem Sachstandsbericht komme ich in meinem dritten Buch zu dem Ergebnis, dass die Große Pyramide (Cheopspyramide) eine Sonderstellung hat. Alle anderen Pyramiden sind ganz sicher von Menschenhand gebaut. Allein bei der Großen Pyramide scheint eine fremde Nachhilfe nicht ausgeschlossen zu sein, womit sich der Kreis zu dem vom *Unternehmen Gott* in Auftrag gegebenen Schutzort schließen könnte. Ich kam auch zu dem Schluss, dass die Große Pyramide wohl das erste Gotteshaus am Platze war. Dieser Prototyp war das Vorbild für die anderen dann allein von Menschenhand mehr oder weniger erfolgreich errichteten Gotteshäuser (Pyramiden). Später las ich von einer Datierung, die meine Annahme unterstützt. Im November 1986 gab Dr. Herbert Haas die C-14-Datierungsergebnisse der Cheopspyramide bei einem Treffen des Centre national de la recherche scientifque an der Universität von Lyon in Frankreich bekannt.

---

[53]   Ebd., S. 108.
[54]   Ebd., S. 124.

Die Untersuchung der Proben wurde von der Eidgenössischen Technischen Hochschule in Zürich unter der Leitung von Professor Willy Wölfli durchgeführt. Das Ergebnis lässt die Aussage zu, dass die Cheopspyramide 374 Jahre vor Cheops' Regentschaft erbaut wurde.[55] Damit ließe sich der Pyramidenbau immerhin in den Zeitraum der Sintflut nach der Bibel einordnen, und die Große Pyramide steht so auf Platz eins in der ägyptischen Pyramidenchronologie. Warum sie das erste Gotteshaus am Platze war und was sie von den anderen unterscheidet, habe ich aus Stadelmanns Sachbericht herauslesen können.[56]

Mein Verdacht zur Objektidentität der Großen Pyramide mit der biblischen Arche erhielt nun bei der Erstellung dieses Buches eine neue Qualität. Interessanterweise stehen wir vor einem Kubus, einer würfelförmigen Arche. Mit anderen Worten: eine Kaaba als Arche, die sich konsequenterweise in der Großen Pyramide befinden sollte. Warum? Die quadratische Grundform der Arche laut Gilgamesch-Epos ist noch nicht das Maß aller Dinge. Der Heidelberger Assyriologe Stefan M. Maul hat eine neue Übersetzung des Gilgamesch-Epos vorgelegt. *„Spektakuläre Textfunde, die in diesem Buch erstmals bekannt gemacht werden, und behutsam vorgenommene Ergänzungen lassen das älteste Werk der Weltliteratur in nie zuvor gesehener Vollständigkeit wiedererstehen."*[57] In Sachen Sintflut wird in der Einleitung des Buches darauf hingewiesen, *„dass die Verflechtungen des biblischen mit dem uralten mesopotamischen Gedankengut weitaus enger waren, als man es je zuvor angenommen hatte"*[58].

Nach den schon erwähnten Zeilen 28–30 wird die Arche auf Tafel elf, 57–64 dreidimensional:

---

[55] Stefan Erdmann, Jan van Helsing: *Die Jahrtausendlüge*. Amadeus, Fichtenau 2008, S. 37.

[56] Judas Aries: *Das Unternehmen Gott – Teil III. Tatort Nil*. Books on Demand, Norderstedt 2012.

[57] Maul 2017, a. a. O (hier: Klappentext)

[58] Ebd., S. 10.

„Am fünften Tag hatte ich seine äußere Form errichtet. Seine Grundfläche betrug einen Morgen, zehn Ruten reckten sich seine Wände empor. Mit je zehn Ruten waren seine oberen Ränder einander in der Länge gleich. Ich errichtete seine innere Gestalt, fertigte Pläne von ihm an. Ich durchzog es mit sechs Decken, (so) teilte ich sieben (Etagen) ab. In (jeweils) neun (Kammern) teilte ich deren Inneres auf. Dann schlug ich ‚Wasserpflöcke' in seiner Mitte ein."

Das Flächenmaß „Morgen" und das Längenmaß „Rute" variieren durch die vergangenen Jahrhunderte und Jahrtausende und von Volk zu Volk erheblich. *„Verschiedene Länder und Berufszweige benutzten als Rute fast 20 unterschiedliche Längenmaße zwischen 3 und 9 Meter, überwiegend aber von 3,6 bis 5 Meter oder 1½ bis 3 Klafter."*[59]

Ein „Morgen" konnte eine Fläche von rund 2000 Quadratmeter bis knapp 12.000 Quadratmeter beschreiben. In meiner Heimat entsprechen einem Morgen 2.500 Quadratmeter. Nehmen wir für eine Rute fünf Meter an, dann wäre die Arche ein würfelförmiger Raum mit fünfzig Meter Kantenlänge, und die Fläche entspräche dem oben angegebenen Morgen. Dann hätte die Arche sieben Etagen mit jeweils, rund gesprochen, knapp sieben Meter Höhe. Und jede Etage besäße neun gleich große Räume, mit circa sechzehn mal sechzehn Quadratmeter.

Erst nach meinen Gedanken zur Größe der Arche las ich bei dem Assyriologen Maul von seiner Vorstellung zum Umfang des Schutzraumes: *„Ein babylonischer Morgen, eine Fläche von 10 x 10 babylonischen Ruten, entspricht etwa 60 x 60 m² (3600 m²). Eine babylonische Rute ist ca. 6 m lang. Die von Uta-napischti erbaute Arche wies also die Form eines Würfels auf mit den Maßen von 60 x 60 x 60 m³ (216.000 m³). Die 60 m hohe babylonische Arche hatte sieben Etagen, von denen eine jede in neun Kammern aufgeteilt war. Im Schiff gab es also 63 Kammern mit einer Grundfläche von 20 x 20 m² und einer Höhe von mehr als 8 m."*[60]

---

[59] https://de.wikipedia.org/wiki/Rute_(Einheit) (zuletzt abgerufen: 30.10.2019).
[60] Maul 2017, a. a. O., Kommentar, S. 186.

Die Arche Noah laut Gilgamesch-Epos

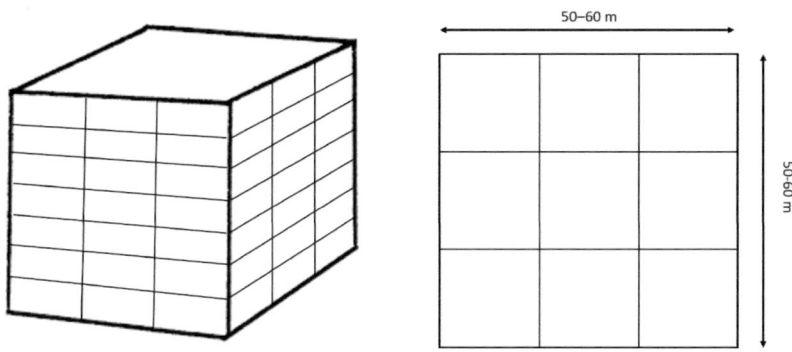

Bild 4 (Bild: Hubert Berghaus. Arche Noah)

Ich habe keine Ahnung, ob man in der Antike ein solches Gewerk aus Holz hätte bauen können. Ich weiß auch nicht, ob sich so ein Gebäude einsturzsicher in die Große Pyramide einbringen lässt. Ich weiß nur, dass die Summe aller Indizien die Annahme von der Arche in Kubusform, ummantelt von der Großen Pyramide, zulässt. Am Platz in der Pyramide sollte es nicht mangeln. Dort können nach *„Berechnungen die fünf größten christlichen Kirchen des Abendlandes, der Petersdom einbegriffen, bequem untergebracht werden"*[61]. Da sollten diverse Kammern, Gänge und Schächte nicht im Wege stehen.

Stefan Maul verortet die Arche in den Raum geistiger religiöser Vorstellungen. In Anlehnung an die babylonische Weltanschauung könnten die sieben Etagen für sieben Schichten des Kosmos stehen und die neun

---

[61] Baldwin Smith: *Egyptian Architecture as Cultural Expression*. D. Appleton-Century Company Incorporated, New York/London 1938, S. 96. Übersetzt und zitiert in: Rainer Stadelmann, a. a. O., S. 107.

Kammern für neun Regionen, in die in manchen Keilschrifttexten die Welt aufgeteilt wurde. Wenn die Arche jedoch dreiundsechzig Kammern hat, müsste es dann nicht dreiundsechzig Regionen geben anstatt nur neun? Ich weiß es nicht. Aber nach meiner bisher dreizehnjährigen Arbeit in Sachen *Unternehmen Gott* weiß ich, dass wir das göttlich verordnete Brett vor unseren Köpfen nicht lösen können, wenn wir uns in Einzelsachverhalte versteigen und den globalen Sach- und Sinnzusammenhang in dieser Sache nicht sehen oder nicht erkennen wollen.

Der kosmische Puppenspieler

Vom Regen in die Traufe? Während die Bibel nur knapp erwähnt, dass Gott das Ausmaß der Sintflut bereute, *„nicht will ich hinfort wieder alles Lebende schlagen wie ich tat"* (1. Mose 8,21), so erweitert das Gilgamesch-Epos die Hintergründe um einen Disput zwischen den Göttern (Offizieren) und ihrem Hauptgott (Commander). Das Offizierskorps rügte das Ausmaß der Sintflut und forderte für die Zukunft eine gemäßigtere (gezieltere?) Vorgehensweise: *„Statt dass du die Sintflut sandtest, hätte Erra sich erheben sollen, um das Land zu morden!"* (Tafel elf, 194 f.)

Erra lautet der Name der Gottheit, die die Kraft von Tod und Seuchen verkörpert. In Sachen Fatima hatte ich das *Unternehmen Gott* als Verursacher der sogenannten Spanischen Grippe im Verdacht, einer Seuche pandemischen Ausmaßes. Noch im Jahr 2014 beschäftigte man sich mit dem *„Mysterium, wo das Virus herkam, warum es so heftig war und vor allem, warum es junge Erwachsene in der Blüte ihres Lebens tötete"*[62] Von den Opfern ausgenommen wurde die von Gott ausdrücklich bevorzugte Schwester Lucia.

---

[62] Vgl. Walter Willems: „Warum die Spanische Grippe so verheerend war". In: Die Welt, 29.4.2014; www.welt.de/gesundheit/article127418306/Warum-die-SpanischeGrippe-so-verheerend-war.html (zuletzt abgerufen: 30.10.2019).

In der Spätantike waren, wie bei der Spanischen Grippe auch, metallene Schiffe die todbringenden Fahrzeuge; aus damaliger Sicht mit *überirdischer Geschwindigkeit*[63] fahrend. Von den Opfern ausgenommen wurde hier trotz jahrelanger pandemischer Seuche das von Gott bevorzugte arabische Wüstenvolk.

Auch bei dem Weltengericht *Sintflut* gab es eine Ausnahme, einen, der verschont blieb: den von Gott privilegierten Noah respektive Utanapischti.

Der eine oder andere Leser wird nun ausrufen: „Aber … Das wäre ja … So darf man doch nicht mit uns umgehen! Das Leben ist doch kein Spiel!"

Sind Sie sich sicher? Befragen Sie den Verantwortlichen dazu. Im Koran erhalten Sie vier ungeheuerliche Antworten:

„Und **das irdische Leben ist nur ein Spiel und ein Scherz**; und wahrlich das jenseitige Haus ist besser für die Gottesfürchtigen. Seht ihr das nicht ein?" (Sure 6:32)

„Und **dieses irdische Leben ist nichts als ein Zeitvertreib und ein Spiel**, und siehe die jenseitige Wohnung ist wahrlich das Leben. Wenn sie es doch wüßten!" (Sure 29:64)

„**Das irdische Leben ist nur ein Spiel und ein Scherz**, und so ihr glaubt und gottesfürchtig seid, wird er euch euern Lohn geben. Er ordert nicht euer (ganzes) Gut von euch." (Sure 47:38)

„Wisset, daß **das irdische Leben nur ein Spiel und ein Scherz** und ein Schmuck ist und ein Gegenstand des Rühmens unter euch." (Sure 57:19)

---

[63]   Holland 2012, a. a. O., S. 270.

Salvador Dalí (1904–1989) sagte: *„Eines Tages wird man offiziell zugeben müssen, dass das, was wir Wirklichkeit getauft haben, eine noch größere Illusion ist als die Welt des Traumes."*[64] Auch der schwedische Philosoph Nick Bostrom (*1973) hält es für wahrscheinlich, dass wir eine Computersimulation einer künftigen höher entwickelten posthumanen Zivilisation sind.[65] Hat das *Unternehmen Gott* im Koran einen Hinweis auf die Echtheit der Simulationshypothese gesetzt? Könnte Bostrom – ohne es zu ahnen – von dem realen falschen Gott unseres großen Monotheismus gesprochen haben?

Bevor ich fortfahre, muss ich an dieser Stelle einen Strich ziehen! Ich möchte unbedingt voranstellen, dass meine These von realen außerirdischen Personen, die sich als unser Schöpfer vorgestellt haben, bestehen bleibt. Nach den weitreichenden Gedanken in diesem letzten Buchabschnitt scheint dies vordergründig nicht mehr der Fall zu sein: Das *Unternehmen Gott* wäre demnach keine außerirdische Intelligenz innerhalb unseres Universums, sondern würde gleichsam in einem gigantischen „Sims-Spiel" mit der Schöpfung verschmelzen. Natürlich wäre das *Unternehmen Gott* auch dann nur ein Schöpfer zweiter Klasse. Selbst dann bliebe für das *Unternehmen Gott* der/die oder das wahre GOTT, also die wahre Schöpfungskraft, ganz sicher unerreichbar außen vor. Ich stelle mit diesem Abschnitt lediglich die letzte Möglichkeit vor, mit der das *Unternehmen Gott* als eine reale außerirdische Intelligenz erklärt werden kann. Mir war bis heute nicht bekannt, dass der Matrix-Gedanke viele Leute bewegt. Der Schriftsteller Rael Wissdorf sagte mir: *„Es gibt interessante Argumente für die Simulationshypothese. Tatsächlich geben namhafte Wissenschaftler dieser Idee eine Wahrscheinlichkeit von zwanzig Prozent. Eines der stärksten Argumente für eine Simulation sind die vielen ‚Konstanten', die unser Universum hat: Lichtgeschwindigkeit, Plancklänge. Es gibt eigentlich keinen vernünftigen Grund für diese Konstanten,*

---

[64] www.dalimuseum.de/zitate.php (zuletzt abgerufen: 30.10.2019).

[65] https://de.wikipedia.org/wiki/Nick_Bostrom#Simulationshypothese (zuletzt abgerufen: 30.10.2019).

sie sind einfach da, als wären sie einprogrammiert." Ich sage nicht, dass ich die Möglichkeit vom *Unternehmen Gott* als Schöpfer im Sinne der Simulationshypothese favorisiere. Ich stelle es als letzte Möglichkeit vor, weil ich nicht nur darüber spekuliere, sondern eine interessante Idee liefern werde, wie sich diese Simulation bewerkstelligen ließe!

Zurück zu den denkbaren Hinweisen im Koran. Gottgläubige Kritiker könnten beschwichtigen, dass der „Liebe Gott" vom Spielball des Lebens spricht. Das ist zunächst nicht von der Hand zu weisen. Der freie Wille und die Zufälle lassen den Menschen freien Lauf wie Billardkugeln nach dem Anstoß mit dem Queue. Das ist das Spiel. Allerdings ist es stumpfsinnig, dem Treiben einfach nur zuzuschauen. Wie begegnen wir der Einöde? Achten wir auf die Kombination von *Spiel **und** Scherz/Zeitvertreib* in den koranischen Versen. Wenn wir in Computerspielen komplette Welten entstehen lassen, dann ist das Programm ein *Scherz und Zeitvertreib* für uns. Es wird nur deshalb zum *Spiel **und** Scherz/Zeitvertreib*, weil Regeln aufgestellt werden und weil wir aktiv eingreifen können.

Es ist hinreichend bekannt, dass Gott uns maßregelt und dass er Einfluss auf die Weltpolitik nimmt. Laut Bibel begegnet er der Langeweile nach unseren Raum-Zeit-Verhältnissen seit rund 6000 Jahren.[66] Der letzte große Zirkus war in Fatima/Portugal vor erst einhundert Jahren. Gott erzwingt unsere Folgsamkeit, und er will den Erfolg. So leisten wir ihm Dienste, Gottesdienste. Gott springt so rigoros mit uns um, wie wir in einschlägigen Computerspielen die „Puppen tanzen lassen". Gott arbeitet mit kriminellen und nach unserer Rechtsprechung sogar mit terroristischen Mitteln. Die Faktenlage für diese Aussage habe ich in meinen Büchern zur Genüge belegt. Damit wird das kosmische Spiel zu einem *Scherz **und** Zeitvertreib*. Damit ist er nicht der gewünschte GOTT. Wer aber sind die Strippenzieher dann? Als Ermittler suche ich einen Schlüssel. Wenn ich die Simulationshypothese in mein Gesamtwerk einbinde, dann nur mit einer zumindest theoretisch denkbaren

---

[66] Die Bibel lässt diesen Zeitraum eindrücklich nachvollziehen.

physikalischen Lösung. Ansonsten wäre es mir zu phantastisch, und ich würde bei meinem ersten Ermittlungsergebnis für die Aufklärung Gottes in unseren eigenen vier Wänden bleiben (will sagen: unserem Universum). Anstatt zu philosophieren, möchte ich mindestens eine zwingende Frage beantworten können: Wo ist die erforderliche Datenschnittstelle zwischen uns und dem *Unternehmen Gott* in der Simulationshypothese, und auf welcher Basis funktioniert sie? Wo und wie wird der Vorhang am Ende des Universums durchstoßen? Tatsächlich habe ich eine Antwort darauf. Ich halte sie – bei aller Bescheidenheit – für eine revolutionäre Idee. In meinem vorherigen Buch, *Gefährder Einstein*, lieferte ich bereits unwissend die Argumente für die Schnittstellen-Lösung. Aber erst ein kleines unscheinbares Bild von der Osterinsel brachte mir die Eingebung. Der Schriftsteller Walter-Jörg Langbein postete es in seiner Sonntags-Kolumne *Ein-Buch-lesen.de*.[67]

Bild 5 (Bild: Walter-Jörg Langbein. Osterinsel, Te-pito-te-Kura)

---

[67] www.ein-buch-lesen.de/2019/03/ (Foto 5) (zuletzt abgerufen: 30.10.2019).

So heißt der virtuelle Schreibtisch von Walter-Jörg Langbein, Sylvia B., g.c.roth, Ursula Prem und verschiedenen Gastautoren, ein sehr empfehlenswerter Gemeinschaftsblog mit kostenfreien Informationen zu interessanten Geheimnissen unserer Welt. Besagtes Bild zeigt einen runden Stein von 2,53 Meter Umfang, eisenhaltig, von schwarzgrauer Färbung, und er scheint von kundiger Hand etwas geformt und glattpoliert worden zu sein. Die Osterinsulaner nennen den Stein *Te-pito-te-Kura*. Das bedeutet „Nabel des Lichts" oder „Nabel aus Licht". Der Überlieferung nach soll er vom Atlantis der Südsee zur Osterinsel geschafft worden sein. Wie dem auch sei: Als ich das Bild sah und die Namensgebung las, kam mir eine Idee, die ich sogleich als unsinnig verwarf: *Ein Schwarzes Loch ist der Nabel des Lichts.*

„Na so ein Quatsch", sagte ich zu mir selbst, „jedermann weiß, dass ein sogenanntes Schwarzes Loch wegen der sagenhaft komprimierten Masse das Licht regelrecht verschluckt." Direkt danach kam mir die Einsicht, dass wir mit neuen, revolutionären Gedanken zum Licht die gesuchte Schnittstelle zum kosmischen Puppenspieler identifizieren könnten. Meine Erkenntnis basiert auf den Büchern des Physikers Professor Dr. Niemz (siehe Fußnote 68). Für das bessere Verständnis fasse ich die Worte Niemz' zusammen, ohne konkret zu zitieren.[68]

- Licht ist eine Art Tagebuch der Schöpfung. Wir reflektieren Licht, wir produzieren Wärmestrahlung (infrarotes Licht). Selbst Gedanken beruhen auf elektrischer Aktivität im Gehirn, und diese erzeugt stets ein Lichtfeld. Dieses Licht existiert auch nach unserem Tod. So erzeugen wir permanent Einträge in dieses kosmische Tagebuch, für immer und ewig. Mit jeder Tat, jedem Wort und jedem Gedanken. Die Informationen gehen nie verloren, weil Licht weder aus Wellen noch aus Teilchen besteht, die von Materie verschluckt werden könnten. Licht ist ein komplexer, das

---

[68] Dr. Markolf, H. Niemz: *Ichwahn*. Kapitel *Die Lichtperspektive und Tagebuch der Schöpfung*, Ludwig Buchverlag 2017.

gesamte Universum durchdringender Speicher, in dem jedes Objekt unauslöschliche Spuren hinterlässt. Licht, das wir abgestrahlt haben, können wir nie mehr einholen und löschen, weil es immer schneller ist als wir. Es ist schneller, weil unsere Materie, unsere Masse, eine natürliche Barriere ist. Damit können wir nie auf Lichtgeschwindigkeit gehen. Das Licht ist uns immer voraus.

- Aus der Perspektive des Lichts ist alles, was jemals im Universum geschieht, hier und jetzt! Das Licht kennt weder Vergangenheit noch Zukunft, nur Gegenwart.
- Also hat für das Licht jede räumliche und zeitliche Distanz den Wert null.
- Mit anderen Worten: Alles, was aus unserer Perspektive geschehen ist, momentan geschieht und jemals geschehen wird, ist im Licht präsent.
- Das Licht hat Raum und Zeit quasi aufgespannt und danach die Materie entstehen lassen, also auch uns Menschen.

Die Aussagen zum Licht sind eine Konsequenz aus der Relativitätstheorie Albert Einsteins. Einstein, dem eine theistische Lösung nie in den Sinn kam, hatte keine Erklärung für das Wesen des Lichts. Er sagte: *„Fünfzig Jahre intensiven Nachdenkens haben mich der Antwort auf die Frage ‚Was sind Lichtquanten?' nicht nähergebracht. Natürlich bildet sich heute jeder Wicht ein, er wisse die Antwort. Doch da täuscht er sich."*[69]

Mit dem Licht ist nicht das Tageslicht gemeint. Licht ist ein bis heute rätselhafter Stoff. Es ist unsichtbar und überall vorhanden. Es ist das Material der Schöpfung von allem, was uns ausmacht und was uns umgibt. Es ist der absolute Datenträger und Datenspeicher im Universum. Aus unserer Perspektive füllen wir den Lichtspeicher nach und nach mit Informationen. Aus dem Blickwinkel des Lichts aber hat jede Distanz den Wert null, das heißt, alle Sekunden unseres Lebens verstreichen ohne Verzögerung. Jedes Ereignis, einfach alles, geschieht für das Licht

---

[69]   Albert Einstein: Zitat aus einem Brief an Michele Besso, 1951.

auf einmal. Im Licht sind bereits alle Zustände und Entwicklungen des Universums vorhanden, die aus unserem Blickwinkel in der Zukunft erst noch geschehen werden. Es ist an allem, was aus unserer Sicht vergangen ist, gegenwärtig ist oder noch geschehen wird, unmittelbar beteiligt. Das Licht kennt weder räumliche noch zeitliche Distanzen. Deshalb sind dem Licht auch sämtliche aus unserer Perspektive in der Zukunft liegende Ereignisse schon bekannt. Das ist eine Konsequenz aus der Relativitätstheorie Albert Einsteins. Das dürfen und müssen Sie an dieser Stelle leider so hinnehmen.[70] Und so wie wir aus dem Licht entstanden sind, so gibt es vernünftige Gründe für die Annahme, dass wir nach dem Tod in das Licht zurückkehren. Das leitet Prof. Niemz aus den Nahtoderkenntnissen in Verbindung mit der physikalischen Lehre her. Das Himmelsszenario, bei dem sich Verstorbene mit großem Hallo wiederbegegnen, gibt es demnach nicht. Es gibt fortan nur den von Ihnen erzeugten Datenbestand im Licht. Für immer und ewig.

Deshalb stellen wir uns die Frage: Für wen haben wir uns im Leben bemüht? Wer profitiert von dem von uns geschaffenen Datenbestand? Oder besser gefragt: Wer kontrolliert das Licht und damit uns? Wir Menschen sind doch wie die von uns selbst geschaffene Computerhardware. Wir haben eine Webcam (Augapfel), eine Grafikkarte (Netzhaut), eine Soundkarte (Stimmbänder), eine Firewall (Sympathie und Antipathie), ein Virenprogramm (Immunsystem), ein Betriebssystem (Wissensdurst, Überlebenswille, Liebe), den Schlaf (Defragmentierung), und die Hauptplatine ist bei uns das Gehirn, welches zugleich der WLAN-Empfänger für den Datenaustausch mit dem Licht sein dürfte. Der Anwender dieser Hardware ist der lichte Geist in uns. Damit sind wir erreichbar und steuerbar! Neurologen können wohl darlegen, was sich wo und wie und bei welchen Reaktionen in der Schaltzentrale unseres Körpers abspielt. Aber niemand weiß, wie all die Bedürfnisse, Empfindungen und Wünsche in uns hineingelangen. Ganz sicher haben wir einen freien Willen. Das gehört zum Spiel wie die Zufälle auch.

---

[70] Vgl. Niemz: *Ichwahn.*

Ganz sicher sollen wir uns grundsätzlich entwickeln. Vielleicht kann der kosmische Puppenspieler mit diversen Eingriffen verschiedene Level erreichen. Vielleicht sind die religiösen Vorgänge, die Propheten, die Marienerscheinungen, die Heiligen Schriften und die vielen wissenschaftlich nicht erklärbaren Dinge – wie zum Beispiel das Grabtuch von Turin oder das Muschelseidentuch von Manoppello[71] – gezielt gesetzte Meilensteine in diesem World-of-God-Spiel. Vielleicht hört ein armer Tropf Stimmen im Kopf, die ihn zu einer schlimmen Tat verleiten, wofür weder er noch sein soziales Umfeld eine Erklärung haben. Das wäre ein wahrhaft übles Spiel.

Zurück zum Stein auf der Osterinsel und zu meiner physikalischen Erklärung für die Praktikabilität der Simulationshypothese. Sollte also der „Nabel des Lichts" oder auch „Nabel aus Licht" bildhaft für ein Schwarzes Loch stehen? Der Begriff „Nabel" steht für Schnittpunkt, Achse oder Brennpunkt. Könnte es sein, dass das angeblich in der Mitte unserer Galaxie vorhandene gigantische Schwarze Loch keine Todesfalle für das Licht ist? Denken Sie noch einmal an den Satz: Die Informationen im Licht gehen nie verloren, *„weil Licht weder aus Wellen noch aus Teilchen besteht, die von Materie verschluckt werden könnten"*[72]. Kritiker haken hier ein und fragen: „Was ist mit den Schwarzen Löchern? Diese Singularitäten ziehen das Licht an und geben es nicht mehr frei. Also werden auch die Informationen verschluckt und gehen für immer und ewig verloren." Nach dem, was wir nun über die Funktion des Lichts wissen, darf und kann es nicht sein, dass ein Schwarzes Loch zum Reißwolf der Informationen wird. Für unsere Materie mag (soll?) dort Schluss sein, aber nicht für die Datenleitung „Licht". Nach meiner einfachen Idee stellt sich das Problem des Informationsverlustparadoxons nicht. Wenn das Licht aus einer Singularität (Urknalltheorie) entstanden ist,

---

[71] Die Entstehung der Tücher ist nach unserem derzeitigen Verständnis auch nach umfangreichen wissenschaftlichen Untersuchungen nicht erklärbar, siehe hierzu mein viertes Buch *Prozessakte Gott;* Aries 2014, a. a. O.

[72] Niemz: *Ichwahn.* Kapitel *Tagebuch der Schöpfung.*

dann hat die Singularität das schöpfende Licht gebracht. Zuerst war das Licht, und danach kam die Materie, geschöpft aus dem Licht. Somit kann die Singularität nicht schädlich für das Licht sein, denn sie hat es nicht zurückgehalten, sondern ausgesandt.

Das im Zentrum unserer Galaxie angenommene gigantische Schwarze Loch gilt als Singularität. Dann ist es keine Sackgasse, sondern ein Schlupfloch, durch das das Licht ein- und ausgeht, mithin die Schnittstelle zwischen der Schöpfer-Bande namens Gott (das *Unternehmen Gott*) und unserem gigantischen Holodeck namens Universum. Es ist doch auffallend, dass in der Mitte einer jeden Galaxie ein übermächtiges Schwarzes Loch existieren soll. Jede Galaxie beherbergt eine immense Zahl von Planeten und Intelligenzen. Das erzeugt einen gewaltigen Datenstrom. Dann könnten die Schwarzen Löcher im Zentrum wie Maschen im Raum-Zeit-Gewebe sein, durch die der wichtige Datenstrom – das Licht – fließt. Die Galaxie wäre quasi ein Körper mit dem lebenspendenden Nabel aus Licht in der Körpermitte.

Denken wir dabei an die sogenannte kosmische Hintergrundstrahlung unseres Universums. Das seltsame Rauschen gilt als das allererste Licht im Kosmos. Es wird seit den 1960er Jahren untersucht und nach wie vor diskutiert. Die Astronomen richteten nach der ersten Entdeckung die Antennen auf mögliche leere Regionen am Himmel. Von dort erwartete man eine Stille als Referenzwert. Die Überraschung war groß, denn von überall im Kosmos ertönt ein seltsames Summen.[73] Wir alle kennen den effektheischenden Summton in Science-Fiction-Filmen bei der Einblendung von Hologrammen. Mich erinnert dieses Geräusch an die Geschehnisse in Fatima. Dort erzeugte das *Unternehmen Gott* für die Seherkinder offenbar eine Art 3-D-Kino. Während den Kindern eine Hologrammshow präsentiert wurde, sahen die Außenstehenden nur eine Art Wolke. Aber sie hörten *„ein leichtes Geräusch,*

---

[73] www.scinexx.de/service/dossier_print_all.php?dossierID=91137 (zuletzt abgerufen: 30.10.2019).

,*wie das einer Bremse in einem leeren Krug', so Herr Marto*" (der Vater von zweien der Seherkinder).[74] Ist das Universum also doch ein gigantisches Hologramm? Das Wissensmagazin *scinexx* veröffentlichte einen Artikel mit dem Titel: „*Ist das Universum eine Holografie?*" Das Fazit lautet: „*Das Holografie-Modell steht bei der Beschreibung der Prozesse im frühen Kosmos dem Standardmodell kaum nach.*"[75]

Meine spontane Idee, die Schwarzen Löcher in den Zentren der Galaxien auf eine Stufe mit der Schöpfung des Universums zu stellen, war zunächst nur eine Mischung aus Bauchgefühl und physikalischer Logik. Ich war erstaunt, wie sehr ich bestätigt werden sollte, und zwar von einer wissenschaftlichen Dokumentation des Fernsehsenders *Arte*. Der Originaltitel der Anfang 2018 erstmalig in den USA ausgestrahlten PBS-Nova-Produktion des Filmproduzenten Rushmore DeNooyer lautet *Black Hole Apocalypse*. *Arte* übersetzt das in den weniger dramatischen Titel *Geheimnisvolle Schwarze Löcher*.[76] In der fast zweistündigen Sendung legen Astrophysiker dar, was uns Schwarze Löcher über die Evolution des Alls verraten. Auch wenn die Wissenschaftler den letzten Schritt in Sachen Licht, Schöpfer und Schöpfung nicht aussprechen, so trennen sie doch die zahlreichen kleinen Schwarzen Löcher im Universum von den supermassereichen Exemplaren in den Zentren der Galaxien und schreiben den letztgenannten eine Schlüsselposition für die Entstehung und die Existenz des Universums zu. Im Folgenden fasse ich die Forschungsergebnisse der Dokumentation zusammen. Zitate sind kenntlich gemacht:

Im Laufe des 20. Jahrhunderts akzeptierten die Wissenschaftler zögerlich die Existenz ausgebrannter Überreste großer Sterne, die Raum

---

[74] Casimir Barthas: *Die Kinder von Fatima*. 7. Auflage. Kanisius, Freiburg (Schweiz) 1993, S. 88.

[75] www.scinexx.de/news/kosmos/ist-das-universum-eine-holografie/ (zuletzt abgerufen: 30.10.2019).

[76] Geheimnisvolle Schwarze Löcher. Auf Spurensuche im Universum. USA 2018. Regie: Rushmore DeNooyer. Arte, 3. u. 23.8.2019.

und Zeit um sie herum verzerren, Materie anziehen und auf atemberaubende Geschwindigkeiten beschleunigen können. Heute wissen wir von bisher mindestens zwanzig Schwarzen Löchern in unserer Galaxie, und man vermutet allein in dieser noch Millionen solcher massiven Sternenüberreste. Das sind erklärbare Erscheinungen, wie zum Beispiel das bekannte Schwarze Loch *Cygnus X-1* mit dem 15-Fachen der Sonnenmasse. Schwarze Löcher dieser Art, also mit gewöhnlicher Sternenmasse, wurden theoretisch vorhergesagt und dann durch Beobachtung gefunden.

Bei den supermassereichen Schwarzen Löchern in den Zentren der Galaxien ist es umgekehrt. Man fand zuerst durch Beobachtung Hinweise auf sie und erarbeitete dann die Theorie, wie sie entstanden sind. Das nahm seinen Anfang mit einer schockierenden Entdeckung in den frühen 1960er Jahren. Radioteleskope entdeckten sehr helle Objekte, die Radiostrahlung abgeben und wie Sterne aussehen. Weil sie aber durch Funksignale entdeckt wurden, bezeichnen die Astronomen sie als quasistellare Radioquellen (*quasi stellar radio sources*), kurz Quasare. Man war sich nicht sicher, ob es sich um Sterne handelt oder nicht, und suchte deshalb nach der sternentypischen chemischen Zusammensetzung (Kohlenstoff, Helium, Wasserstoff). Das Ergebnis überraschte, denn es war nur Kauderwelsch. Im Jahr 1963 entdeckte der Caltech-Astronom Maarten Schmidt schließlich den „Fingerabdruck" von Wasserstoff. Allerdings nicht wie erwartet. Die Spektrallinien des Elements waren weit ins Rote verlagert. Diese extreme Verlagerung des Lichts führte zur Schlussfolgerung, dass der Quasar sich mit fantastischer Geschwindigkeit von uns wegbewegt. Niemand hatte jemals etwas gesehen, was sich so schnell entfernte. Das Objekt war *„zwei Milliarden Lichtjahre entfernt und stößt jede Sekunde die Energie von einer Billion Sonnen aus. Was könnte das wohl bewirken? Niemand hatte eine Ahnung, was diese Dinger antreiben könnte. Woher könnte all diese Energie kommen? Wenn man Berechnungen benutzt, kann es nicht chemische Energie sein. Sie wussten, dass es keine Atomenergie sein konnte. Ein Quasar kann auf keinen Fall ein Stern sein. Keine Kernfusion kann so viel Sternenkraft* *erzeugen. Der einzige Motor, der vielleicht so viel Energie abgeben könnte, ist Schwerkraft [...]. Könnten Quasare vielleicht von Schwerkraftmotoren angetrieben werden? Was ist, wenn die Energie, die von Quasaren ausgestrahlt wird, von hellen Akkretionsscheiben um Schwarze Löcher kommt? Um diese Art von Energie, diese Art von Helligkeit zu erzeugen, muss ein Schwarzes Loch beteiligt sein. Aber nicht irgendein Schwarzes Loch. Was auch immer die Quelle der Emission aus einem Quasar war, musste massiv sein. Wie massiv?"* Der bekannte Physiker Kip Thorne äußert die Vermutung: *„Nun, Millionen oder Milliarden Mal schwerer als die Sonne."*

Die Wissenschaftler gelangten zu der Überzeugung, dass supermassereiche Schwarze Löcher die Quasare antreiben. Diese Schwarzen Löcher scheinen sich in den Zentren der Galaxien zu befinden. Damit stand die Frage im Raum, ob auch im Zentrum unserer Galaxie ein supermassereiches Schwarzes Loch lauert. Die Milchstraße hat nach jüngsten Erkenntnissen einen Durchmesser von etwa hundertsiebzigtausend bis zweihunderttausend Lichtjahren. Aber sie ist relativ dünn, nur ungefähr tausend Lichtjahre dick. Und die ganze Spirale rotiert langsam. Unsere Erde ist etwa sechsundzwanzigtausend Lichtjahre vom Zentrum entfernt, das wir in Richtung des Sternenbildes Schütze sehen. In diesem dichten Feld gibt es Millionen von Sternen und jede Menge Staub und Gas. In den 1990er Jahren beobachteten Astronomen Sterne, die sich in größtmöglicher Nähe des Zentrums befinden und es umkreisen. *„Die Sterne rasen mit phänomenaler Geschwindigkeit um das Zentrum der Milchstraße. Diese Dinge bewegen sich mit mehreren tausend, bis zu zehntausend Kilometern pro Sekunde oder sechzehn Millionen Kilometer pro Stunde. Um so schnell zu sein, müssen die Sterne etwas extrem Massives umkreisen. Die Masse, die wir dahinter vermuten, ist vier Millionen Mal so groß wie die Masse der Sonne. Was könnte das Viermillionenfache der Sonnenmasse sein und dennoch völlig unsichtbar sein? Das ist der Beweis für ein Schwarzes Loch. Und nicht irgendein Schwarzes Loch, ein supermassereiches, stilles und schlafendes Loch mitten in unserer eigenen Galaxie."*
Ein supermassereiches Schwarzes Loch, vier Millionen Mal so groß wie

die Sonne, mitten in unserer Milchstraße! Zur Erinnerung: *Cygnus X-1* hat lediglich die 15-fache Sonnenmasse. Wenn wir ein supermassereiches Schwarzes Loch in unserem Zentrum haben und Quasare in den Zentren anderer Galaxien gefunden werden, wie steht es dann um diese anderen Galaxien? Gibt es überall Schwarze Löcher in den Zentren? Als das Hubble-Weltraumteleskop seine Arbeit aufnahm, waren die Wissenschaftler dank der scharfen Bilder in der Lage, Replikate fremder Galaxien auf dem Computer zu erstellen. *„Es ist als Schwarzschild-Methode bekannt, die vom Princeton-Astronomen Martin Schwarzschild, Sohn von Karl Schwarzschild, entwickelt wurde, dessen Berechnungen die Möglichkeit von Schwarzen Löchern zuerst beschrieben. Martin Schwarzschilds Trick war, dass er tatsächlich ein Modell der Galaxie aufbaute, das nicht nur den Ort der Masse beinhaltete, sondern auch, wie sich die Sterne bewegten. Für jede von ihnen untersuchte Galaxie bauten die Wissenschaftler akribisch genau ein Computermodell auf und passten dann nach der Trial-and-Error-Methode die Parameter für Masse und Geschwindigkeit an, um das Modell an die ursprünglichen Beobachtungen anzupassen, die sie von Hubble erhalten hatten. Wenn die Beobachtungen des Modells mit den Beobachtungen des Hubble-Weltraumteleskops übereinstimmen, ist man erfolgreich. Das passierte aber nicht! Den Modellen fehlte etwas. Wir probierten es immer wieder, alle ohne Schwarzes Loch, und wir sagten: ,Unglaublich, wir können die Beobachtungen durch das Modell wirklich nicht erklären.'"* Das Problem wurde erst mit der Annahme einer enormen unsichtbaren Masse im Zentrum der Galaxie gelöst. Nur wenn ein supermassereiches Schwarzes Loch in das Zentrum gesetzt wurde, stimmte das Modell mit den Hubble-Beobachtungen überein. Man untersuchte drei Dutzend Galaxien, und alle benötigten ein supermassereiches Schwarzes Loch. Die Galaxie M31, auch bekannt als Andromedagalaxie, besitzt ein Schwarzes Loch mit der 25-fachen Masse desjenigen der Milchstraße, also 100 Millionen Mal die Masse unserer Sonne. *„Und es ist nicht das größte, nicht einmal annähernd. Es gibt Supermassereiche, die das zehn- oder gar zwanzig-Milliardenfache der Masse unserer Sonne sind. Wie ist es möglich, dass solch gigantische Schwarze Löcher entstehen? Könnten*

Supermassereiche von zusammengebrochenen Sternen stammen? Das scheint sehr unwahrscheinlich. Wir kennen keine Sterne, die milliardenfach größer sind als die Sonne."

Nicht einmal millionenfach größere Sterne. Mit dieser Erkenntnis entfernen wir uns definitiv von den gewöhnlichen, erklärbaren Schwarzen Löchern. Manch ein Astronom könnte einwenden, das sei kein Problem, weil Schwarze Löcher sich selbst nährten. Sie könnten durch die Aufnahme von Gas und Staub wachsen und/oder Material von nahegelegenen Sternen ablösen oder zu nah vorbeiziehende Sterne gar komplett verschlingen. Doch damit haben wir die Quasare nicht erklärt. Man hat Quasare entdeckt, die rund dreizehn Milliarden Lichtjahre entfernt sind. Nach kosmischen Maßstäben muss ihr Alter damit nahe am Urknall sein. Wie sollten Schwarze Löcher mit Milliarden Sonnenmassen so früh entstanden sein? *„Unabhängig davon, ob ein Schwarzes Loch langsam knabbert oder alles auf einmal verschlingt, es stellt sich heraus, dass der Zuwachs, wie sich Schwarze Löcher ernähren, ein Tempolimit hat. Das nach dem englischen Astronomen Arthur Eddington benannte Eddington-Limit verhindert, dass ein Schwarzes Loch sich zu schnell nährt, und das aufgrund des Lichts, das seine eigene Akkretionsscheibe ausstrahlt. Licht besitzt einen Druck. Photonen können also eine Kraft auf etwas ausüben. Wir sehen das bei Sternenwinden: Licht drückt Gas heraus. Es gibt also eine Grenze dafür, wie rasch sich ein Schwarzes Loch nähren kann, bevor seine eigene Leuchtkraft sein eigenes Wachstum dämpft."*

Hier trennt sich die Spreu vom Weizen respektive die vielen kleinen Schwarzen Löcher von den supermassereichen. Zwar gibt es die Theorie vom „Direkten Kollaps", womit man den Supermassereichen einen Massevorsprung von Geburt an einräumt. Demnach könnten riesige Gaswolken im noch sternenlosen Universum Schwarze Löcher erzeugen und das Sternstadium vollständig überspringen. Aber das ist nur der Versuch einer Erklärung für die Existenz zu einer eigentlich viel zu frühen Zeit – zur Schöpfungszeit! Letztlich stellen die Astronomen weitergehende Fragen, die da lauten:

„Welche Rolle spielen die Supermassereichen im Universum? Ist ihre Existenz nur zufällig? Oder sind sie in größerer Weise mit der Struktur des Kosmos verbunden? Supermassereiche Schwarze Löcher existieren nicht isoliert. Sie scheinen in Partnerschaft mit Galaxien zu leben [...]. Sind also die supermassereichen Schwarzen Löcher in ihren Zentren irgendwie grundlegend für ihre Existenz? [...] Es könnte sein, dass sie nicht nur Kuriositäten sind, sondern eine Schlüsselkomponente für Galaxien, eine Schlüsselkomponente für das Universum. Wir haben in sehr kurzer Zeit festgestellt, dass sie wahrscheinlich in den Zentren aller Galaxien existieren. Und das kann wirklich nur passieren, wenn es eine symbiotische Beziehung zwischen der Entwicklung einer Galaxie und dem supermassereichen Schwarzen Loch in ihrem Kern gibt. [...] Also was kommt zuerst, die Galaxie oder das supermassereiche Schwarze Loch? Das ist nicht so einfach. Es scheint, als würden sie irgendwie zusammenwachsen."

Die Wissenschaftler sprechen von Partnerschaft und Symbiose zwischen den Galaxien und den supermassereichen Schwarzen Löchern in ihren Zentren! Meine Idee von der Galaxie als einem Körper mit dem lebenspendenden „Nabel aus Licht" in der Mitte erhält damit eine Unterstützung von wissenschaftlicher Seite. Nun bleibt es Ihnen überlassen, wo Sie das *Unternehmen Gott* ansiedeln. Als kosmischen Puppenspieler hinter dem „Nabel aus Licht" oder – wie es mir lieber wäre – in unserem Universum als eine kosmische Intelligenz wie du und ich aus den Tiefen des Kosmos. Natürlich bliebe dann immer noch die Möglichkeit, dass irgendeine andere Superintelligenz das Universum künstlich erschaffen hat, also inklusive unseres Pseudo-Gottes von nebenan. Aber auch der Schöpfer aus religiöser Sicht würde keine andere Rolle spielen, wenn er das Kunststück vollbrachte, das Universum in Nullkommanichts entstehen zu lassen, denn so hätte er uns im wahrsten Sinne des Wortes künstlich erschaffen. Letztlich bleibt die Möglichkeit der rein natürlichen Schöpfung. Dann wäre der „Nabel aus Licht" die natürliche Quelle des Universums. – In jedem Fall gilt: DENKEN SIE SELBST!

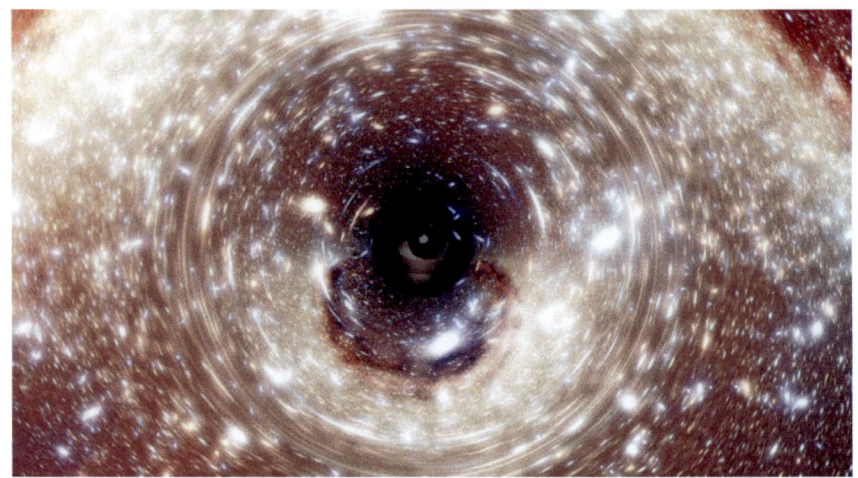

Bild 6 (Gott oder GOTT?)

Nachwort

Ich denke dann mal selbst und präsentiere Ihnen eine fiktionale wie auch physikalisch nicht unmögliche Lösung für den kosmischen Puppenspieler. Erinnern Sie sich an die Computer-Mensch-Analogie. Betrachten Sie den menschlichen Körper als Hardware, die erst durch den Geist in Bewegung versetzt wird, so wie der Anwender am PC die Hardware bedient. Der Geist muss keineswegs räumlich im Körper verankert sein. Die biochemischen Abläufe in der Hardware unseres physischen Körpers werden durch die Lichtstrahlung der Biophotonen in unseren Zellen angeregt. Dieses „Lebenslicht" gilt als eine Art Datenträger innerhalb des relativ riesigen Raumes zwischen Atomkern und Elektronenhülle. Ganz sicher macht das Licht nicht an unserer Körperhülle Halt. Alles ist an allem beteiligt und es gibt auch keine Leere im Universum. Stellen Sie sich vor, dass Sie Ihren Körper an einer langen Leine aus Licht führen. Dieser Zügel reicht bis in den Raum jenseits des „Nabels aus Licht". Die Masse unseres Körpers ist in dieser Welt gefangen und kann das Schwarze Loch im Zentrum der Galaxie nicht durchschreiten. Das ist physikalisch begründet. Dem lichten Geist sind keine Grenzen gesetzt. Die Nahtoderlebnisse mit der möglichen Beschleunigung des Geistes auf Lichtgeschwindigkeit lassen hier tief blicken. Vielleicht ist das vielzitierte Nahtod-Tunnelerlebnis mit dem zunehmenden hellen Licht in Wirklichkeit der Rückzug in die reale Welt. Der vom Körper getrennte Geist begibt sich hinter den „Nabel aus Licht". Dort stellen Sie fest, dass Sie einer von vielen kosmischen Puppenspielern waren. Vormals verantwortlich für Ihren nicht mehr existierenden virtuellen Stellvertreter und jetzt haftbar für die Taten Ihres Avatars.

Anhang

Anliegend sehen Sie meine Sachbücher zum Thema *Das Unternehmen Gott* in der chronologischen Folge der Veröffentlichungen. *Books on Demand* ist ein Dienstleistungsunternehmen (Self-Publishing-Dienstleister). Auf diesem Weg lasse ich auf eigene Kosten meine Bücher erstellen. Die Werke können in jeder Buchhandlung um die Ecke und in jeder Onlinehandlung bestellt werden. Im Print-on-Demand-Verfahren wird ein Buch immer erst dann gedruckt, wenn es von jemandem bestellt wurde. Möglich wird dies durch eine Kombination von Digitaldruckverfahren und für kleinste Stückzahlen geeignete Weiterverarbeitungsverfahren im Bereich der Umschlagveredelung und Bindung, sodass Bücher bereits ab einer Auflage von einem Exemplar produziert werden können. Für die Aufmerksamkeit im Handel muss der Autor allerdings selbst sorgen. Wenn er sich nicht regt, weiß niemand, dass es sein Werk gibt. Ich danke BoD für seine Dienstleistungen, weil kein namhafter Buchverlag mein Werk auch nur mit der Zange anfassen würde. Sogar der umstrittene Kopp-Verlag mit seinen *Büchern, die die Augen öffnen* nahm zweimal Abstand von der Sache.

Judas Aries:
Das Unternehmen Gott
Die Kriminalität (des) der (All)mächti-
gen
BoD – Books on Demand
456 S., Hardcover mit Leseband
August 2009, ISBN: 978-3837039122,
38,90 €
E-Book: 12,99 €

Judas Aries:
Das Unternehmen Gott Teil II
Kampfstiefel des lieben *Gottes vs.*
Mokassins der Mayagötter
BoD – Books on Demand
136 S., Paperback
Juli 2011, ISBN: 978-3844872842
12,80 €
E-Book: 6,49 €

Judas Aries:
Das Unternehmen Gott Teil III
Tatort Nil
BoD – Books on Demand
160 S., Hardcover mit Leseband
Oktober 2012, ISBN: 978-3844889581
21,90 €
E-Book: 9,99 €

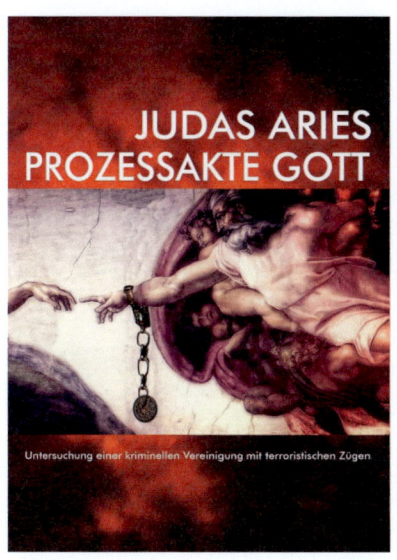

Judas Aries:
Prozessakte Gott
Untersuchung einer kriminellen
Vereinigung mit terroristischen
Zügen
BoD – Books on Demand
104 S., Paperback
März 2014, ISBN: 978-3732265046
8,90 €
E-Book: 4,99 €

Judas Aries:
Der Sitz der Götter
Generalschlüssel Terrorismus
BoD – Books on Demand
108 S., Paperback
November 2015, ISBN: 978-3739295152
8,99 €
E-Book: 4,99 €

Judas Aries:
Fatima
Wozu braucht Gott Fluggeräte?
BoD – Books on Demand
56 S., Paperback
Februar 2018, ISBN: 978-3746023939
6,99 €
E-Book: 3,49 €

Judas Aries:
Gefährder Einstein
Wie Sie Gott mit GOTT zu Fall bringen
BoD – Books on Demand
56 S., Paperback
Januar 2019, ISBN: 978-3748158073
3,99 €
E-Book: 2,99 €